江汉大学马克思主义理论学科资助项目成果
湖北省教研课题“武汉地区高校思政课优质教学资源共享机制研究”最终成果

武汉地区高校思政课优质教学资源共享机制研究

■ 李腊生　龚萱　张莉清　闵杰　詹爱霞　刘源泉　陈菲　著

WUHAN UNIVERSITY PRESS
武汉大学出版社

图书在版编目(CIP)数据

武汉地区高校思政课优质教学资源共享机制研究/李腊生等著.
—武汉：武汉大学出版社，2022.11
ISBN 978-7-307-17255-5

Ⅰ.武…　Ⅱ.李…　Ⅲ.高等学校—思想政治教育—教育资源—资源共享—研究—武汉　Ⅳ.G641

中国版本图书馆 CIP 数据核字(2018)第 269814 号

责任编辑:田红恩　　责任校对:汪欣怡　　版式设计:马　佳

出版发行：**武汉大学出版社**　（430072　武昌　珞珈山）
（电子邮箱：cbs22@ whu.edu.cn　网址：www.wdp. com.cn）
印刷:武汉邮科印务有限公司
开本:720×1000　1/16　印张:12　字数:173 千字　插页:1
版次:2022 年 11 月第 1 版　　2022 年 11 月第 1 次印刷
ISBN 978-7-307-17255-5　　定价:59.00 元

目 录

第一章　高校思政课优质教学资源的内涵、特征和分类

充分开发利用高校思想政治理论课优质教学资源，首先必须对思想政治理论课优质教学资源的基本概念有一个清晰的认识，以确立研究视域的外延和内涵。因此，对思想政治理论课优质教学资源的内涵和特征的回答应成为思想政治理论课优质教学资源研究的首要问题。我们将从“资源”的词源学考察入手，分析资源、教学资源、优质教学资源的含义，明确思想政治理论课优质教学资源的特征和分类，逐步达到对思想政治理论课优质教学资源的正确理解。

一、高校思政课优质教学资源的内涵

明确思想政治理论课优质教学资源的概念内涵，廓清思想政治理论课优质教学资源的研究边界，是开展思想政治理论课优质教学资源研究的前提和基础。教学资源作为“教学”和“资源”的合成词汇，其必然与“资源”本身所具有的独特内涵有着极大的关联，这就有必要首先从“资源”一词入手并予以探讨，才能逐渐清晰思想政治理论课优质教学资源的真正含义。

（一）“资源”的词源考释

1.“资源”的词源学考察

“资”，在《说文解字》中解释为：“货也，从贝，次声，即夷

切。"① 段玉裁注，"资，货也。货者化也，资者积也。旱则资舟，水则资车，夏则资皮，冬则资絺綌，皆居积之谓。资者，人之所藉也。周礼注曰，资，取也。老子曰，善人不善人之师，不善人善人之资。"②在《辞海》中"资"的注释有：①指财物，本钱。如：物资，川资。②凭借、依托或条件。从以上解释中可以看出，"资"，主要是指有形的实物或者财物，也是开展某种活动必要的凭借、依托或条件。

"源"，在《说文解字》中解释为："灥（yuan），水泉本也。从灥出厂下愚袁切。原，篆文从泉。臣铉等日今别作源非是。"③段玉裁注，"灥，水本也。各本作水泉本也，今删正。《月令》百源注曰：众水始所出为百源。单乎曰原，累呼曰原泉。孟子原泉混混是也，从灥出厂下。厂者，山石之崖岩，会意。愚袁切，十四部。原，篆文从泉。此亦先二后上之例。以小篆作原知灥乃古文籀文也。后人以原代高平曰邍之邍，而别制源字为本原，积非成是久矣。"④ ①《辞海》将"源"解释为"水流起头的地方。"引申为事物的来源。

从词源学上看，"资"和"源"并没有必然的内在关联，只是后来在成词的演化过程中，"资源"一词逐渐被引申为资材的来源。《辞海》在解释"资"与"源"组合成词语"资源"时，有如下的注释：①资财的来源。一般指天然财源。②一国或者一定地区内拥有的物力、财力、人力等物质要素的总称，分为自然资源和社会资源两大类。前者如阳光、空气、水、土地、森林、草原、动物、矿藏等；后者指人力资源、信息资源以及劳动创造的物质财富。⑤这也是后来"资源"一词在通常状况下的主要意涵和所指。

---

① （汉）许慎：《说文解字》，中华书局 1963 年版，第 130 页。

② （汉）许慎撰，（清）段玉裁注：《说文解字注》，上海古籍出版社 1981 年版，第 279 页。

③ （汉）许慎：《说文解字》，中华书局 1963 年版，第 1229 页。

④ （汉）许慎撰，（清）段玉裁注：《说文解字注》，上海古籍出版社 1981 年版，第 569 页。

⑤ 《辞海》（缩印本），上海辞书出版社 1999 年版，第 1738 页。

2. “资源”概念在现代语用学中的扩展和深化

从“资源”的词源学分析，我们可以看出传统意义上资源的含义，更多是在自然的、物质的、有形的层面上来理解和认识的。我国出版的多种颇具权威性的辞书，在定义资源的概念时，大多也都是依据传统意义上的概念来理解和阐释资源的内涵。因此，资源在人们的观念中总会有这样一些明显特征：“资源的本体仅指土地、生物、气象、森林和矿藏等有形的自然物质和环境；资源的功能仅限于为社会生产或经济活动提供自然的、物质的加工对象、环境或者条件；资源本身是确定的、不变的或者极少变化，不仅规模(品种) 确定，而且数量有限且大多只会越来越少。”① ③ 当今，“资源”一词已经在不同领域中及不同语境下频繁使用，使得资源与各种社会活动建立起了密切的联系，其蕴含的意义也发生了很大变化。这也促使人们对资源认识的深化和扩展，从已有的自然资源、经济资源逐渐扩展到诸多部门及领域。总体上看，现代意义上的资源，已经呈现出从纵、横两个方向延伸与拓展的局面。资源的横向延伸是指资源由单纯的经济领域延伸到其他领域，资源已经渗透和涵盖到社会生活诸多方面。资源的纵向延伸，是指向上延伸和向下延伸。向上延伸是指人们对于资源的一般概念和理解不断深化，亦即用于概括各种不同资源的一般资源，其内涵和外延均在扩展，概括性更强，囊括性更广，延展性更远。所谓向下延伸，是指在各种不同的资源形态之中，分化并细化出更多的、更为具体的资源品类。

（二）教学资源的内涵解读

1. 教学论视域中的教学资源

资源概念向各个社会部门当中的渗透，不同部门出现了不同的资源门类。在这种背景下，经济资源、政治资源、军事资源、文化

---

① 王子平：《资源论》，河北科技技术出版社 2001 年版，第 110 页。

资源和教育资源等语汇相继诞生。如今，教育资源已经成为一个耳熟能详的大众语汇，而且内涵颇为丰富，外延更加扩展。社会变革的持续深入，教育作为一种公共产品，促使人们不仅要从宏观的层面均衡配置教育资源，实现教育均衡发展，促进教育公平和正义，也需要从更加微观的层面和细微的领域入手，深刻洞察教育资源中蕴含的微观资源，如课程资源、教学资源等诸多精细的资源品类，找寻提升教育内在品质的途径，为教育促进人类的美好生活而发挥更大的价值引领作用。然而，何为教学资源？人们对此却有着不同看法和见解。

目前，国内对于教学资源概念的阐释有较多的内容，我们选择了几种具有代表性的概念界定予以分析和讨论，以寻求教学资源更为确切的概念界定。在顾明远先生主编的《教育大词典》中，教学资源被解释为："教学资源是指支持教学活动的各种资源。分为人力资源和非人力资源，人力资源包括教师、学生学习小组、课外活动小组、旅行小组、课外铺导员、家长、社会成员等；非人力资源包括各种媒体和各种教学辅助设施：传统媒体有粉笔、黑板、印刷媒体、实物、实物模型、挂图等；现代媒体有投影、幻灯、电影、电视、语言实验室、计算机、视盘等。此外，还有各种社会教育机构，如图书馆、博物馆、少年宫等。"① 李如密、何小忠认为："教学资源就是支持学校教学活动的开展，解决教学问题所必须的诸客观条件的综合。"② 林培英认为："教学资源就是教学信息的来源，或者指一切对教学有用的物质和人力。教学设备，如投影仪；教学设施和场所，如图书馆；人力，如学生、家长；教学材料，如教科书等，都是教学资源。"③ 林存华认为："教学资源是支持课堂教学开展，并为课堂教学利用的各种条件。这些条件既可

---

① 顾明远：《教育大辞典》（第7卷），上海教育出版社1997年版，第79页。

② 李如密、何小忠：《教学资源的几个理论问题》，载《江苏教育研究》1999年第9期。

③ 林培英：《论地理教学资源》，载《课程·教材·教法》2002年第5期。

以是物质的，也可以是非物质的；既可以是学校的、课堂内部的，也可以是非学校、课堂外部的；既可以是有形的，也可以是无形的；既可以是目前已被利用的，也可以是未被利用的、潜在的。只要这些条件能被课堂教学所利用，为一定的课堂教学服务，支持教学活动的顺利开展，就可以称之为教学资源。”①

通过以上教学资源概念的梳理，我们发现，人们对教学资源的探索历经了一个逐渐深化的过程，这为更深刻地认识教学资源提供了有益的借鉴。综合以上学者的观点来分析，《教育大词典》中把“教学资源”的解释置于“教学设计”的词条之下，其用意更多是从教学预设的层面来思考“教学资源”，意指教学活动开始的“条件”，此种对教学资源的认识是对教学活动中的“条件性教学资源”的准确把握，但却忽视了教学中的“潜隐性教学资源”和“生成性资源”的把握。李如密、何小忠的解释是把教学资源定位在“诸多客观条件的综合”，忽略了师生主观意识活动在教学活动中的价值，诸多潜隐性的教学资源以及教学活动中“师生”主体性资源就被排除在教学资源之外。林培英对于教学资源的解释只是说明了哪些事物可以是教学资源，并没有从本体论意义上给出教学资源的合理有效的概念解释和界定。林存华对于教学资源的定义虽然有所突破，但还是更多地从“条件”的视角看待教学资源，这就使得教学资源的内涵有所窄化。诚然，对教学资源的认识应该是一个历史的过程，也是不断深化的过程，我们不能苛求既有研究的完美无缺。事实上，教学资源的认识与教学活动的认识有着密切的关系，这本身符合人类的认识规律。结合人们对教学活动认识的演进过程，我们认为，教学资源是指在学校教育中，围绕教学活动的开展，为实现教学目标，优化教学活动，提升教学品质而参与其中且能被开发利用的所有教学要素的总和。首先，教学资源是开展教学活动必备的条件，教学活动如果不依托教学资源，教学活动的开展就无法进行。教学是一种合目的性的教育活动，倘若离开教学的

① 林存华：《透视课堂教学资源的荒废现象——以课堂教学中的“问题”为例》，华东师范大学2003年硕士论文。

目的性指引，教学资源也是不存在的。其次，参与教学活动的资源不同，教学活动所呈现的状态又截然不同。教学也需要在更加优化的形式上进行。教学优化就是针对具体的教学任务、特定的教学对象和具体的教师而言，选择最适合的教学目标，教学优化过程就是对教学资源的优化过程。再次，就教学所蕴含的层次看，不同层次的教学其渗透的教学理念和教学品位是不同的。在此意义上讲，教学资源又是提升教学品质和教学境界的主要依托。

由于人们对教学的理解有着广义和狭义的区分，就使得对教学资源的解读也存在着狭义和广义之分。在宏观层面上，广义的教学资源是指人类教学活动所形成的诸如社会制度、社会风气、科技水平、文化传统、教育思想等，因为它们或多或少地影响着教学活动。尽管有些因素对教学的影响甚微，但都能在一定程度上间接地或变相地支持教学活动的展开。在微观层面上，狭义的教学资源是从学校教学工作出发，围绕课堂教学顺利开展，有助于教学目标达成的角度来理解的。同时，教学资源的优化与活化，使得教学资源的运用存在较大地灵活性，这就为提升教学品质和教学境界留有很大的资源拓展空间。本书中教学资源的内涵主要是指微观层面的教学资源，亦即在教学活动开展的条件、优化教学的手段和提升教学品质及境界的层面来展开教学资源的理论探讨。

2. 教学资源的内涵

教学资源的内涵宽泛而复杂。一般认为，教学资源的内涵包括以下几个方面：

第一，教学资源是教学的构成性资源与影响性资源的协同共生。在我国的主流教学论研究中，“构成论”是最有影响的研究范式。“构成论”也称“要素说”。关于教学系统到底由哪些教学要素构成，研究者的看法并不一致。最具代表性的就是“三要素说”和“七要素说”。“三要素说”主要在借鉴国外教学论研究成果的基础上予以说明。“三要素说”认为教学系统是由教师、学生、教学内容构成。之所以形成这样的理解，是因为这三者之中缺少任何一个要素，就不能成为完整意义上的教学活动。“七要素说”以我国著名教学论专家李秉德先生为代表，他认为教学活动是由学生、目的、课程、方法、环境、反馈和教师七个要素组成。在其主编的《教学论》一书中，对上述七个教学组成要素进行了详尽的阐述和分析，形成了具有中国特色的教学论研究体系。该理论认为：学生是学习的主体；教学目的通过课程和方法得以达成；课程是指教学内容，是包括课程方案、课程标准和具体的教材在内的的体系；方法是达成目的的手段，其中包括各种方法、教学艺术和教学组织形式；教学环境是指教学所发生的时空环境，包括有形的和无形的特定环境；教学反馈包括教学评价和教学管理两个主要方面；教师则是其他各种要素的中介，它们大多是通过教师来影响学生的学习效果。田慧生、李如密认为，进一步区分教学系统的构成性要素和影响性要素是有必要的。一般来说，教学过程的构成性要素应具备如下特点：①构成性。即为教学过程中的必要要素，不可或缺，缺一则不能成其为教学过程。②包容性。即所构成的教学过程具有高度概括性，能包容所有的教学过程。③基本性。即构成要素本身是单一的，不能再进行划分。教学过程的影响性因素则具备如下特点：①影响性。即确实对教学过程有所影响，是保证教学过程的充分展开的充分条件。②联系性。即教学过程的影响要素与构成要素有密切联系，有的在某种意义上即是构成要素的延伸或派生。③动态性。即不同水平的教学，其过程的影响因素水平不同；随着教学研究的深入，可能会发生新的影响。依据上述条件，教学的构成性要素是指教师、学生和教学内容；影响因素是指教学目的、教学方法、教学环境等。教学只有在构成性要素的“骨架”和影响性要素的“血肉”的整合情况下，教学才不失“丰满”。

从资源学角度来看，上述对于教学构成的划分维度有助于对教学资源的认识和理解。将教学活动中的诸多要素上升到资源的高度加以筛选、利用、优化、整合，这是树立教学资源观的前提。在此情况下，教学活动就是在教学资源的整合、活化及优化基础上的教育活动。参照教学要素的构成性和影响性的划分维度，教学资源也可以分为构成性教学资源和影响性教学资源，构成性教学资源主要包括教学时空资源、教学文本资源和教学人本资源，这些构成性资源就决定了教学之为“教学”的基本条件，缺少了其中的某一项教学资源要素，就不能称之为学校教育层面的教学活动。教学的影响性资源是指诸如教学情境、教学方法、教学目的、教学氛围、师生关系等，都是影响教学深入和教学品质的资源要素。真正的教学活动，就是在构成性资源要素和影响性资源要素共同互动达成的，教学也只有在“骨架”和“血肉”的共同建构中，教学活动才能变得“有血有肉”，才能有效和优效，教学资源亦是如此。

第二，教学资源是教学中预设性资源与生成性资源的和谐统一。预设与生成是教学的基本特征。从教学的合目的性来看，教学活动是在一定目的引导下展开的，教学活动的合目的性决定了教学预设的必要性。“凡事预则立，不预则废。”教学预设是教学活动开展的前提，预设就是对教学活动作出前期的教学预案或者筹划设计。预设也意味着教师要依托相关的教学资源，为教学这种合目的性的活动作出合理的预期与设计。尽管教学活动前期预设会在教学实施中发生变化，亦并非简单地线性推进，但依托教学资源的前期教学准备却绝不可或缺。但是，单纯地以达成教学目标来组织和理解教学资源，就会失落教学过程中蕴含的很多精神价值和审美价值。事实上，达成教学目的的途径和方式是多种多样的，如何使得教学资源在一种较为优化的情境下促成教学目的的实现，教学资源就不再局限于开展教学活动的基本条件，也非教学资源的简单运用。作为一种典型的过程性教育活动，教学中的很多教学资源要素会伴随教学活动过程而逐渐显现。这其中与参与教学的主体风格特征有密切的相关性，也与教学所创设的教学氛围有很大的关联。因此，教学资源是孕育在教学的生成性之中，体现在教学过程之中，这就使得教学资源具有了很明显的过程性特征。也就是说，“教学的精彩在教学资源预设之外”。正是借助教学资源的动态变化，教学活动在一种不确定性中一步步地走向深入，在依托教学资源达成教学目的的过程中，突显出教学资源不断整合、流变、聚合的生成性特征。

第三，教学资源是单一型教学资源与混合型教学资源的叠加交叉。单一型教学资源是以教学资源的不可再分性为存在前提，其表现形式也相对比较单一，关涉其中的资源品类较为单一，特征典型且显著，与其他类型的教学资源区别度很大，也易于认识和把握。但是，由于单一型教学资源相对“单调”且特征典型，一旦形成往往会影响其适应范围的广度。教学资源中的诸多实体资源，更多地表现为单一型资源，譬如教学时空资源、教学实物资源、教学文本资源、教学媒体资源、教学设施资源等。单一型教学资源更多是一种“静态”、“有形”或者“显性”的资源存在形态，带有“实体”的特征，大多为教学活动的顺利展开提供了必要的物质保障。混合型教学资源的构成相对较为复杂，从而使得教学资源呈现“多姿多彩”的特点。在这类教学资源中，有的是以一种资源为主，其他资源为辅，呈现一定程度的叠加，但又不同于单一型教学资源；有的是多种教学资源要素混合在一起，难辨彼此，出现浑然一体的特点。混合型教学资源更多是在教学活动开展的进程中所显现出来的，对教学活动越投入和深化，教学追求的境界越高，混合型教学资源的参与度愈大。

第四，教学资源是“物性”资源与人本资源的有效结合。对于教学资源进行“物性”资源和人本资源的区分，主要是从教学资源的载体形式是否是生命的或非生命的层面加以考量。以非生命为载体的教学资源可以通称为“物性”教学资源。在教学活动中，教学文本资源、教学时空资源、教学设施资源、教学信息资源、实物教具资源等均是外在于“人”的“物性”资源。通过丰富的物质发展而形成的“物性”教学资源，为教学活动的改善起到了很大的支撑作用。但在根本上，教学活动的复杂性更多地体现在参与其中的“人”的因素之中。正是由于“人”的参与，使得教学呈现出复杂性，也正是由于教学活动指向“人”，才使得教学活动极具价值和意义，让教学显现出无尽的“魅力”。如果说师生是参与教学活动的人本资源，那么这种资源品类则是一种最具“活性”教学资源，而且是一种“取之不尽，用之不竭”的教学资源。对人本教学资源的认识和把握，需要教师具备全面的素养和深厚的功力，教师的教学观、课程观、学习观、教材观乃至教学资源观，学生的学习观和教师观等都是活化人本教学资源的重要方面，由此凝结与聚合成的人本教学资源，深刻地影响着教师本身的教学水平、教学品位和教学境界，进而影响教学目的、教学过程乃至教学效果，也影响着学生的学习效果与动机。

3. 教学资源与相关概念的辨析

（1）教学资源与教育资源

教育资源是一个使用频率较高的词汇。教育资源包括自有教育活动和教育历史以来，在长期的文明进化和教育实践中所创造积累的教育知识、教育经验、教育技能、教育资产、教育费用、教育制度、教育品牌、教育人格、教育理念、教育设施以及教育领域内外人际关系的总和，是人类社会资源的品类之一。教育资源最初出现在教育经济学领域。按照顾明远主编的《教育大辞典》的解释：教育资源亦称“教育经济条件”，是教育过程所占有、使用和消耗的人力、物力和财力资源，即教育人力资源、物力资源和财力资源的总和。随着资源内涵的丰富化和教育研究的不断深入，教育资源的概念也逐渐丰富。所谓的教育资源，是指构成教育活动和满足这一活动所需要的各种因素，包括人力资源、物力资源、财力资源、时空资源、信息资源、文化资源、制度资源、政策资源、关系资源等。教育资源是教育活动得以顺利开展的根本保证，也是教育活动必需的基本条件。相对于教学资源而言，教育资源是更为宏观的教育学概念。但是从概念本身的外延与内涵看，它是教学资源的上位概念，教学资源则是教育资源在教学活动中最直接的体现，是一个微观领域的概念，也是教育资源的下位概念。因此，教育资源包含教学资源，教学资源是教育资源的具体形态之一。

（2）教学资源与课程资源

课程资源是随着我国新世纪初开始的基础教育课程改革而逐渐走入人们视野的“新兴”词汇。课程资源有着狭义和广义的区别。广义的课程资源是指“有利于实现课程目标的各种因素，狭义的课程资源仅指形成课程的直接因素来源”。① 或者是为设计课程和

① 吴刚平：《课程资源理论构想》，载《教育研究》2001 年第 9 期。

制定教学计划服务的各种可资利用的途径和方法。包括三方面：①目标资源。如通过社会调查，探明有效参与社会所应具备的知识、技能和素质；研究学生的身心发展特征，了解他们所需要的以及已经具备的知识、技能和素质。②教学活动资源。如调查并研究学生的兴趣、需求、活动，从而总结出能够唤起学生强烈的求知欲的方案、活动、问题；运用现代化的教学手段辅助教学，或组织学生外出参观、实习，观察所学知识在现实中的作用或在实践中的应用，从而使学生牢固掌握教学内容。③组织教学活动的资源。如加强各种教学活动的横向联系，相互渗透、相互补充；调查整理各种教学活动中具有通用价值的技能。① 客观地分析课程与教学的关系，可以发现，教学虽然是课程实施的主要途径，但不能等同于课程实施。课程一旦进入教学活动，就不再是原先意义上的课程，而变成了有待教学活动转化的对象，变成了有待开发和转化的“潜在”教学资源。不同教师面对同样的课程资源其教学效果是迥异的，主要的原因在于教学中教师所运用的教学资源是不同的，况且同样的教学资源，不同的教师在处理与使用上也有很大的差异。教学资源则侧重于教学开展的条件有哪些，更关注哪些资源可以支持教学活动开展，哪些资源可以达成教学优化乃至教学层次提升。可见，课程资源和教学资源之间有交叉，但各自的侧重点不同。

（3）教学资源与教学环境

教学环境作为一个重要的教学要素一直备受重视。田慧生指出：“教学环境是一种特殊的环境。概括地说，教学环境就是学校教学活动所必需的诸客观条件和力量的综合。教学环境又有广义和狭义之分。从广义上说，社会制度、科学技术、家庭条件、亲朋邻里等，都属于教学环境，因为这些因素在一定程度上制约着教学活动的成效。从狭义的角度，即从学校教学工作的角度来看，教学环境主要包括学校教学活动的场所、各种教学设施、校风班风和师生

① 顾明远：《教育大辞典》（增订合编本）（上），上海教育出版社 1997 年版，第 902 页。

人际关系等。”① 从学校教学活动看，教学活动场地、设施都可以称为物理环境，教学中的校风班风和师生的人际关系都可以视为人际环境。在真实的教学活动中，教学环境中的物理环境和人际环境都可以进行适当的调适和优化以利于教学活动开展。因此，不论教学的物理环境还是人际交往环境，都可以成为可开发的教学资源。教师依据学生的特征、教学内容以及与之相匹配的教学方法，可以将教学物理环境设得更加符合教学要求。可见，教学环境是一种很重要的可开发的教学资源，教学资源的开发和优化可以为教学提供更好的教学环境。两者之间有着密切的联系，但关注的视角各有侧重。

（三）思想政治理论课优质教学资源的界定

思想政治理论课是大学生的必修课，是帮助大学生树立正确世界观、人生观、价值观的重要途径。提高思想政治理论课的教学实效性，需要充分利用相关教学资源，尤其是优质教学资源。

1. 优质教学资源的定位

优质教学资源是一个相对的、动态的概念，并具有一定的模糊性，对其定位与内涵很难有一个严格的学术界定，又因研究的切入点不同、所处的时期不同、认识的视角不同，对优质教学资源的诠释不尽相同。结合前述教学资源的概念，我们认为，优质教学资源是在优质教育理念指导下，以建构主义学习理论为主要理论基础，在最佳资源环境支持下，在追求教学过程优化中实现教学资源质量高水平、教学应用效益最大化的能被开发利用的所有教学要素的总和。通过对教学资源的深度开发与整合，形成优质教学资源，提供易于形成学生完善的知识文化体系的信息，营建利于学生综合能力和思辨精神培养的氛围，并渗透教育服务和终身学习的理念。

对于优质教学资源的定位，需要把握以下几个方面的内容：

第一，优质教学资源是一种资源形态，其具有好的或者是优质

① 田慧生：《教学环境论》，江西教育出版社 1996 年版，第 7~8 页。

的特征，是符合人们教学信息获取和期待的信息资源形态，使人们接触其间便可感受到并会对其作出优质的评价和认可，无需深入的技术考量和价值认证。这种资源对人们的认知、人格、情感的影响是可以体验的，符合人们对知识信息的感知需求，符合人们综合能力培养的规律。当然，这里的优质是相对而言的，是资源在具体条件下能取得的最大功效，在教学与学习过程中所具有的突出特质，是有别于其他领域资源，与其他教学因素相顺应，具有特定效能的资源形态。

第二，优质教学资源是一种资源理念，是与现代教学理念相一致的，具有时代性，具体要求为对资源进行全面整合与重建、整体规划的调适以及与资源环境、课程与教学、学习与能力的把握与权衡。对资源要素进行最优化组合，其目的在于追求学习的认知建构与情景交融、价值引导与人性养育、智慧展示与情景创设的合一，形成教与学交感互动、生态和谐的优质教学资源。在这里，教学资源建设路径与策略的理性选择和灵活运用成为关键，将直接影响教学资源的发展水平和质量。

第三，优质教学资源是一种资源境界，它是使命与责任、理解与追求相互交融而生成的高深境地。优质的境界必将生成优质的资源文化价值，在其感染下开始了资源优质化的变革过程，其意义在于产生一种推动和导向作用。优质教学资源是人们基于当前的资源优化程度或状态，对未来教学资源发展的一种展望与追求，也是人们扎根于现实的努力并试图超越提高的一次尝试，是基于现实基础而建构的一种崭新的资源形态，虽然不是一蹴而就就能达到，但绝对是可望又可求的。

2. 思想政治理论课的优质教学资源

思想政治理论课是对大学生进行马克思主义理论和思想政治教育的一整套课程体系，主要包括马克思主义基本原理概论、毛泽东思想和中国特色社会主义理论体系概论、中国近现代史纲要、思想道德修养与法律基础、形势与政策等课程。这些课程都表现出思想性、政治性和理论性等三个基本特性，这些基本特性对于思想政治理论课优质教学资源的界定有着重要的影响。

思想政治理论课的思想性。高校思想政治理论课以培养大学生的世界观、人生观、价值观为己任，其目的就在于培养大学生更深的思想穿透力，拓展大学生更宽的思想眼界，提升大学生更高的思想境界。因此，思想政治理论课自身必须做到：第一，弘扬人类正确的哲学世界观，传授人类科学的哲学方法论，帮助大学生从总体上、整体上科学认识自然、社会和人自身，帮助大学生形成关于自然、社会、人生的基本思想原则和根本思想方法。第二，弘扬人类高尚的道德价值观，传授善恶评价标准，倡导高尚的思想情操，把大学生培养成心境澄明、志存高远的优秀人才。

思想政治理论课的政治性。高校思想政治理论课在把自然人培养成社会人、政治人的过程中承担着十分重要和直接的责任，高校思想政治理论课本身应具有科学的政治性才能担此重任。因此，思想政治理论课自身必须做到：首先，帮助大学生科学地认识人类政治现象，形成关于人类政治生活的基本认识和政治素养。其次，传导正确的政治理念，体现出一定社会主流的政治价值，营造有利于政治发展的政治文明氛围。再次，培养大学生当下和今后进入社会生活的政治生活能力，确立远大的政治抱负。

思想政治理论课的理论性。高校思想政治理论课对于帮助大学生更加深刻地认识人类思想政治现象，养成关于人类思想政治领域的自觉意识，培养大学生的思想政治理论思维能力具有十分重要的作用。因此，思想政治理论课自身必须做到：第一，对大学生进行学科意识、学科方法等理论思维理念的教育，帮助大学生树立学科意识、掌握学科方法。第二，对大学生进行哲学社会科学基本理论的教育，全面介绍哲学社会科学的基本理论和前沿动态。第三，对大学生进行理论思维能力的训练，积极引导大学生主动地、自觉地参与到思想政治理论课的教育教学活动中，通过专题理论辩论、学术论文撰写等活动来养成理论思维习惯，提高探究辩论能力和学术研究能力。

鉴于思想政治理论课具有思想性、政治性和理论性三个基本特性，思想政治理论课优质教学资源必须是能够促进其基本特征体现的，有利于提高思想政治理论课教学效果和人才培养质量的教学资源。为此，我们认为，思想政治理论课优质教学资源就是在充分实现思想性、政治性和理论性的基本上，以促进学生有效学习思想政治理论课为目的，在追求教学过程优化中实现教学资源质量高水平、教学应用效益最大化的，能被开发利用的所有教学要素的总和。

二、高校思政课优质教学资源的特征

要系统深入地研究高校思想政治理论课优质教学资源的开发利用问题，需要对高校思想政治理论课优质教学资源的特征和分类有一个清晰的认识，以确立研究视域的外延和内涵。而对高校思想政治理论课优质教学资源的特征的回答，应成为研究的首要问题。这里，我们从六方面分析高校思想政治理论课优质教学资源的特征。

（一）先进性与典型性

先进性与典型性，是高校思想政治理论课教学资源在“优质”上的突出体现。就资源的本体而言，只要是能对思想政治教育目的的实现产生积极作用的各种要素，包括自然的和社会的、物质的和精神的、域内的和域外的等，都属于高校思想政治理论课优质教学资源。高校思想政治理论课优质教学资源积极作用的发挥是通过教育工作者合理地开发利用来实现的。思想政治教育资源本身并不会自发地对思想政治教育过程发挥现实的作用，而是必须由教育者对其合理开发利用后，才能对思想政治教育目标的实现产生积极的影响。高校思想政治理论课优质教学资源积极作用的发挥程度，在很大程度上取决于思想政治教育者开发利用的观念是否正确、方式是否得当。此外，每一个时代的人们所利用的资源只能是现实中存在着的资源形态。虽然有些资源在现实中客观存在着，但是由于条件不具备，如人们认识的局限、能力的欠缺、技术的落后等，因而难以发挥其应有的作用。随着社会经济的发展和科学技术的进步，人们开发利用高校思想政治理论课优质教学资源的条件会越来越成熟，思想政治理论课优质教学资源的开发利用率也会不断提高。

（二）多样性与广泛性

由于思想政治教育对象的复杂性和思想政治教育资源形态的多样性，从而决定了高校思想政治理论课优质教学资源的多样性与广泛性。具体而言：一方面，资源的多用性。它主要是指具体资源形态的具体用处，而且其用处是多种多样的。每种成分都有其特有的用处，从而形成了它的多种用途。如社会资源中的文化资源、信息资源等，它是由观念性要素、环境性要素和实体性要素等所构成，各个要素又有自身的作用。如文化资源中的观念要素，它可以使人们形成一种时间观念、效益观念、法律观念、信息观念、竞争观念等，从而为人们提供精神动力环境性要素可以为思想政治教育提供环境、空间和条件。另一方面，对象的广泛性。任何一种资源都不只是为一个对象、一个目的服务的，而思想政治教育对象是广泛的，具体目的也是多样的，所以思想政治教育资源功能的多样性就体现在对不同的对象和不同的具体目的发挥作用。因此，开发高校思想政治理论课优质教学资源，必须以社会主义先进文化的发展方向为指导，善于从多角度发扬真善美。

（三）价值性与可开发性

价值性即高校思想政治理论课优质教学资源的价值潜在性。作为高校思想政治理论课优质教学资源总是具有一定的教育教学价值，无论是物质资源还是精神资源，无论是静态资源还是动态资源，都给大学生传递着一定的思想信息和道德能量，有意无意地给予一定的心理暗示，从而影响他们的思想观念和价值观。高校思想政治理论课优质教学资源具有价值的潜在性，是高校进行思想政治教育的基础，但它本身并不能自主地实现自己的价值，只有经过开发主体的开发利用，使它参与到高校思想政治教育活动中来，才有可能充分发挥它的作用，因此，高校思想政治教育资源又具有可开发性。它的开发利用实际上就是寻找一种能把高校思想政治理论课优质教学资源与高校思想政治教育目的联系起来的途径和方法，使不能直接发挥作用的资源转化为现实的可利用的资源，在此基础上，充分利用其价值性，使它为高校思想政治教育服务。可见，开发与利用是相互联系在一起的，利用的前提是必须先经过开发，而开发的最终目的是利用。

（四）有限性与无限性

高校思想政治理论课优质教学资源的这一特点是从本体角度总结而得出。所谓有限性，是指由于主客观条件的限制，人类所能认识和开发的思想政治教育资源相对于丰富的思想政治教育资源总量来说，总是极为有限的。尤其是思想政治教育物质资源中的不可再生资源，其有限性是不言而喻的。例如，运用于思想政治教育课程中的给思想政治教育资源开发提供新手段的信息技术，仍然受到当前人类对它的掌握与运用程度的限制。思想政治教育精神资源虽然具有可再生性的特点，看似潜力巨大，可以任意发掘。但实际上，由于主客观条件的限制，一定时代的人的认识能力、开发条件是有限的。因此，思想政治教育精神资源开发同样是有限性的。而无限性是指随着社会的进步和人类认识水平的提高，可以不断地发掘出新的思想政治教育资源，使之不断得以丰富和发展。因此，高校思想政治理论课优质教学资源有限性与无限性特点是相对而言的。

（五）复合性与层次性

高校思想政治理论课优质教学资源可以划分为多种类型，本身包含了丰富的内容。当我们将它引入思想政治教育课程时，总是根据实际情况，对纷繁复杂的各类思想政治教育资源进行取舍，进行重新组合，使之优化组合，最大限度地促进高校思想政治教育目标的实现。因此，不管是高校思想政治理论课优质教学资源的内容，还是它的具体运作过程，都体现出复合性的特点。从另一个角度来说，任何事物的构成都具有层次性，高校思想政治教育课优质教学资源也不例外。它的层次性不仅通过划分标准的不同表现出来，而且主要是根据价值的大小，区分出层次的高低。例如，马克思主义经典著作就属于高层次的思想政治教育资源，它不仅是思想政治教育资源开发的重要对象，而且指导着整个活动的展开，关系着开发效果，它的价值是其他任何资源都无法比拟的。由于高校思想政治理论课优质教学资源的层次性，要求我们在实际的操作过程中能够突出重点，抓住主要矛盾，优先开发，有效地解决问题，进而达到预期的教育目的。

（六）继承性与动态性

高校思想政治理论课优质教学资源并不是凭空产生的，它是在继承以往资源的基础上逐步完善、丰富起来的。恩格斯说过："没有希腊文化和罗马帝国所奠定的基础，也就没有现代的欧洲。"我国的高校思想政治理论课教学资源，也不能脱离我国传统的资源发展而成为空中楼阁。我国丰富的德育思想和优良传统，为现今的高校思想政治教育资源提供了深厚的文化底蕴。任何事物都处在不断的发展变化之中，现今的高校思想政治教育资源在继承以往资源的基础上，仍在不断地发展变化。随着社会的发展，我国经济水平的上升，高校物质条件不断得到改善，高校思想政治教育资源，尤其是校外资源、隐性资源将逐渐得到重视，开发和利用力度会不断得到加强；人力资源，尤其是师生作为开发主体，不仅本身是高校思想政治教育资源的重要组成部分，而且能创造出比自身价值更大的价值，促进动态资源的生成，教育内容和方法在随着时代的变化而变化，也在随着他们的思想观念、价值标准的变化而不断更新。随着科技的进步和人们认识能力的提高，更多的资源进入到人们视野之中，而且随着社会和科技的进一步发展，还会不断地发展变化。

三、高校思政课优质教学资源的分类

高校思想政治理论课优质教学资源的范围广泛。为了便于开展理论与实践研究，我们对其进行了分类，并对其内容和特点进行了简要概括。

（一）高校思政课优质教学资源分类的标准

按高校思想政治理论课优质教学资源的要素分类，可以将高校教育资源共享分为物力资源、人力资源、信息资源、课程资源、品牌资源和管理制度资源等。其中，物力资源主要包括实验室、教室、大型仪器设备、体育运动设施等资源；人力资源主要包括高校管理干部相互交流、挂职锻炼等以及师资交流；信息资源主要包括各种信息资源以及电子平台的共建共用，如高校图书馆资源，教学、学籍管理信息系统，教育科研信息资源平台，教学名师数据库，学分换算与收费系统，网络精品课程共享系统等；课程资源主要包括高校的学科专业的合作共建、课程互选、学分互认、论坛讲座等；品牌资源主要包括高校品牌、社会声誉等；管理制度资源主要包括高校各项事业管理规范等。

按高校思想政治理论课教学资源各要素参与教育教学过程的远近关系，可以将高校思想政治理论课教学资源分为直接资源和间接资源，其中直接资源共享包括物力资源、人力资源、课程资源，间接资源主要包括信息资源、品牌资源和管理制度资源等。

按照高校思想政治理论课教学资源发生的范围，可以将其分为高校内部与校际以及高校与社会之间。高校内部主要是指某一高校内部各教学学院、各职能部门之间。校际是指不同高校之间的资源，它又可以分为区域内校际和区域间校际，前者主要是指某一区域内如省域内、市域等的高校之间资源，后者主要是指跨区域的高校之间资源，如国家范围内、世界范围内的高校资源，主要形式有校际交流与合作、大学城、高校联盟等。高校与社会之间主要是指高校与社会科研机构等企事业单位之间开展资源共享。

（二）高校思政课优质教学资源的类型

高校思想政治理论课优质教学资源是一个复杂的系统，可以根据不同的标准进行分类。所谓高校思想政治教育课优质教学资源的类型，就是把普遍存在的高校思想政治理论课教学资源按照一定的标准和依据把它们区分开来，以便更好地研究高校思想政治教育资源的开发与利用。我们对高校思想政治教育课优质教学资源作如下主要划分：

1. 校内资源、校外资源和校内外共有资源

高校思想政治理论课优质教学资源根据空间分布的不同，可以分为校内资源、校外资源和校内外共有资源。校内资源存在于高校内部，主要包括物质资源、精神资源和人力资源。物质资源是指以物质形态存在的能对高校思想政治理论课教学产生影响的场所和设施，主要包括图书馆、实验室等。精神资源是指存在于校园内的虽然看不见、摸不着但确又时刻影响着大学生精神风貌的各种资源，主要包括校风校纪、班级组织、师生关系以及舆论氛围等。人力资源是指高校内具有主观能动性的高校教师、管理人员、学生、职工等。校外资源是指存在于高校以外的资源，主要包括自然资源、家庭资源和社区资源，也包括本校以外的其他高校资源。自然资源得天独厚，是陶冶大学生性情的极为重要的资源。家庭资源是对学生思想品德的影响深入而持久的资源。社区是大学生成长居住的环境，学生生活在其中，无时无刻不受到其影响。各个高校资源各有所长，都应取人之长，补己之短。校内外共有资源是指既存在于高校内部，又存在于高校之外的资源，主要包括网络资源、传统文化资源和高校公寓资源。网络不仅是对大学生进行思想政治教育的重要阵地，而且为高校思想政治理论课教学（主要是教育内容和手段）的变革提供了有力支撑。我国传统文化资源为高校思想政治理论课教学提供了深厚的文化底蕴，是高校思想政治教育中亟待开发利用的重要资源。公寓资源主要是指大学生生活和休息的重要场所，包括存在于校内的宿舍资源和存在于校外的公寓资源，它们是高校思想政治理论课教学资源的重要组成部分。

2. 静态资源和动态资源

高校思想政治理论课教学资源依据其运动特征分为静态资源和动态资源。静态资源是指附着在非生命载体上的思想政治信息资源，主要是高校内物质建筑及其装饰，教材等印刷制品形式等。静态资源并不能主动为高校思想政治教育服务，是被动地等待开发主体开发利用的资源。动态资源是指以生命为载体的资源，主要是指教师、大学生、教育研究人员、管理人员、家长及社会各界人士等具有生命的活动的资源，这些资源具有内生性，在活动过程中能够创生出更多的比自身价值更大的教育价值。学生的创意、困惑、见解等都是动态资源，师生在讨论这些问题的过程中，不仅学生的思想品德得到提升，而且老师也会受益匪浅，这些资源就会成为师生自身的经验，为进一步创生新资源打下基础。他们自身的能动性、创造性的发挥是高校思想政治理论课教学不断前进的不竭动力。我们要充分利用静态资源，更要注重动态资源的开发和利用。

3. 显性资源和隐性资源

高校思想政治理论课教学资源根据作用方式的不同可以分为显性资源和隐性资源。显性资源是指明显的、能够直接作用于高校思想政治教育的资源，如马克思主义理论课教材、马克思主义理论课教师、辅导员、政工人员等。隐性资源相对于显性资源而言，是指看不见、摸不着的或者是人们没有充分认识到却又持久地对大学生起着潜移默化作用的思想政治教育资源，如教师的言谈举止、班风班貌等。显性资源由于显而易见而易被开发利用，隐性资源由于它的隐蔽性而易被忽视。其实，“我们如果把高校思政教育资源比作一座巨大的‘冰山’的话，高校思想政治显性教育资源则是那浮于水面之上的部分，它令人瞩目，然而，它只是冰山的一角。高校思想政治隐性教育资源犹如水面之下的部分，它隐而不露，然而却更加雄伟、壮丽”。高校思想政治理论课显性教育资源与隐性教育资源的有机结合，才能构成完整的高校思想政治教育资源体系。所以，我们不仅要注重开发利用显性资源，更不能忽视隐性资源的开发利用。

4. 宏观资源、中观资源和微观资源

高校思想政治理论课教学资源根据其存在层面的不同可分为宏观资源、中观资源和微观资源。宏观资源是指社会层面的资源，包

括自然资源、家庭资源和社会资源。高校并不是处于社会的真空中，社会中的各种观念和思潮都会穿过围墙进入校园从而影响大学生的思想政治素质，它们属于高校思想政治理论课的外围资源。中观资源是指学校层面的资源，包括校内的物质资源、精神资源、人力资源和管理、制度资源等。微观资源是指课堂（尤其是马克思主义理论课）层面的资源，包括教师、学生、教材以及教学方法和手段等，它是思想政治教育最直接的因素，在对大学生的思想政治教育中起着主要作用，是直接影响高校思想政治教育效果的资源。

5. 传统资源、现实资源和未来资源

高校思想政治理论课教学资源可以根据其内在的时间性分为传统资源、现实资源和未来资源。所谓传统资源指历史遗留下来的、可以被当前思想政治教育所利用的资源。我国是一个有着五千年悠久历史的文明古国，传统思想政治教育资源十分丰富，包括爱国主义、集体主义、道德观、是非观等资源，都可以继续为今天所用。现实资源主要指在当前的时代条件下存在并可被用于思想政治教育的资源，包括抗震救灾精神、抗击“非典”过程中涌现出来的先进人物和事迹以及“感动中国”的年度人物等，都可称为高校思想政治理论课教学的现实资源，也是当前资源开发的重点。所谓未来资源是指根据社会发展的趋势可以预见的、在当前已经出现萌芽的、未来可被广泛引入高校思想政治理论课教学活动中来的资源。如电子技术、信息技术、基因工程等，就属于这类资源。

6. 可再生资源和不可再生资源

可再生资源指可以重复利用的或可以不断更新生成的资源，如法规、政策、理论等。不可再生资源主要指易于消耗而又不易补偿的资源，如历史文物资源、革命文物资源等。

（三）高校思政课优质教学资源分类的意义

对高校思想政治理论课教学资源进行分类，是思想政治教育资源理论中的重要组成部分，其方法论意义是很明显的。具体来讲，有如下三个方面的意义：

第一，全面认识资源。它可以帮助我们明确高校思想政治理论课教学可以利用的资源是多方面的，只有全面加以认识，才能全面管理。要有效开展思想政治教育，就必须首先正确地确定自身可以利用的资源，全面了解不同资源的属性、特点及功能。只有做到胸中有数，才不至于出现资源闲置、资源乱用等现象的再度发生，从而导致思想政治教育效果的弱化。高校思想政治理论课教学资源的分类从一定程度上反映了高校思想政治理论课教学诸多资源之间的内在联系，它有利于我们根据这种内在联系，科学地进行综合开发和利用。

第二，合理利用资源。它可以帮助我们明确为了实现思想政治教育目的，应利用哪些方面的资源。一般来说，正确的决策和成功的方案是高校思想政治理论课教学的灵魂，思想政治教育的水平决定着整个思想政治教育的层次和水平。而科学的决策是建立在对思想政治教育资源的了解和分析基础之上的。没有区分就没有政策，从而就没有方法，通过高校思想政治理论课教学资源的区分，可以分析各种资源特性和具体功能以及与人的发展的关系，从而为制定不同的决策，策划有针对性的方案提供了依据，指明了方向。

第三，提高教学实效性。加强思想政治教育高校思想政治理论课教学资源的开发利用，是提高思想政治教育实效性的重要方式。美国经济学家 F. A. 哈耶克曾经说过：“社会的经济问题，不仅仅是一个如何配置所‘赋予’资源的问题，它更是一个如何确保充分利每个社会成员所知道的资源的问题。”如果广大教育者善于根据思想政治教育资源的本质和特点、发挥作用的条件和规律进行资源开发、配置和利用，就能提升思想政治教育资源的利用率。当前，高校思想政治理论课教学所缺的并不是资源本身，而是缺少开发利用它的知识和技术。因此，掌握和运用高校思想政治理论课教学资源的开发利用规律及技术，直接关系到思想政治教育的成效。

第二章　武汉地区高校思政课内部优质教学资源

武汉市是我国高等教育重镇，高校云集。截至2016年5月20日，经省政府、教育部审批或备案，湖北省共有普通高等学校129所，其中中央部委属高校8所，省属高校121所。省属高校中，公办本科高校28所，民办本科高校15所，民办独立学院17所，高职高专学校61所（其中民办12所）。另有成人高等学校6所（不含已停办学校）。鉴于本课题的研究对象是武汉地区高校、研究领域是优质教学资源，本单元主要介绍武汉地区的8所部属高校（武汉大学、华中科技大学、华中师范大学、武汉理工大学、中国地质大学（武汉）、中南财经政法大学、华中农业大学、中南民族大学）及15所省属公办本科高校（湖北大学、武汉科技大学、江汉大学、湖北工业大学、武汉工程大学、武汉纺织大学、湖北中医药大学、武汉轻工大学、湖北经济学院、湖北警官学院、武汉体育学院、湖北美术学院、武汉音乐学院、湖北第二师范学院、武汉商学院）。这些高校拥有非常丰富的思想政治理论课优质教学资源，主要包括高水平教学队伍、精品课程、立体化教材体系等。

一、武汉地区高校思政课优质队伍资源

思想政治理论课教师是高校进行思想政治教育的主力军，是发展国家文化软实力的中坚力量，承担着构筑中华民族伟大复兴精神长城的重任。因此，从意识形态领域艰巨而复杂的斗争来看，建设一支高水平的思想政治理论课教师队伍，关系着社会主义中国的长治久安。此外，从思想政治理论课课程本身的发展来看，教师队伍

建设仍然是课程建设的根本，是对课程进行整体评估的最重要指标。它包括课程负责人与主讲教师的学术造诣、科研能力、教学能力、教学经验、教学特色，教学队伍的知识结构、年龄结构、学缘结构、人员配置与青年教师培养，教学队伍参与教学研究和教学改革的活动等基本指标。可以说，有没有一支高水平的思想政治教育教师队伍，决定着高校思政课课程建设的水平和质量，从而也决定着高校思想政治教育的成败与否。作为近代中国的第二大工业城市，武汉是我国最早研究和传播马克思主义的地区之一，域内各高校普遍重视马克思主义理论学科建设，为武汉地区高校思政课孕育了一支高水平的教师队伍。

队伍资源包括省级以上教学名师、全国高校思想政治理论课年度影响力人物和湖北省高校十佳思政课教师等。其中，教师名师3人（国家级2人和省级1人），全国高校思想政治理论课年度影响力人物包括影响力标兵人物、影响力人物和影响力提名人物，从2013年开始，已评选了3届。2013年度有98名教师入选，2014年度和2015年度各有100名教师入选。武汉地区高校在全国高校中占比较大，共有22人当选（含高职院校和民办本科院校）。湖北省高校十佳思政课教师与十佳辅导员、十佳班主任并列，当选者同时颁发湖北五一劳动奖章和奖金。每两年评选一次，已评选2届，武汉地区共17人当选（含高职院校和民办本科院校）。

（一）省级以上教学名师

提高质量是高等教育的生命线，高校教师队伍的素质和水平直接决定着高等教育质量。为了大幅度提高教学质量，鼓励教授上讲台，2003年，教育部决定设立“高等学校教学名师奖”，每三年评选出100位名师。2007年1月，教育部将“高等学校教学名师奖”的评选表彰工作纳入“高等学校本科教学质量工程”，且从2007年开始，将原来每三年一次的评选工作改为每年开展一次。此后，各省级、市级教育主管部门甚至众多高等学校相继推出了自己的“名师工程”，以期加强教学队伍建设，深化教学改革的力度，从根本上提高教学质量。目前，武汉地区高校思政课国家级教学名师

2人：石云霞教授和丁俊萍教授，他们都来自武汉大学马克思主义学院。思政课省级教学名师1人，为武汉理工大学朱喆教授。

1. 石云霞①

石云霞，男，1942年10月生，河南省太康县人，中共党员，武汉大学马克思主义学院教授、博士生导师，中国历史唯物主义学会常务理事；湖北省高校马克思主义理论教育研究会学术顾问；中央马克思主义理论研究和建设工程《马克思主义基本原理概论》编写组主要成员；1993年起享受国务院政府特殊津贴；1996年，获得宝钢教育基金优秀教师奖。1997年，被教育部评为全国高校百名“两课”优秀教师。2000年，获中宣部、中组部、教育部党组授予的全国高校党的建设和思想政治教育先进工作者称号，并作为特约代表被邀请参加全国高校第九次党建会。2003年，被评为首届国家级教学名师。2007年教师节期间，被推荐参加全国优秀教师代表座谈会并受到胡锦涛总书记等中央领导同志亲切接见。2009年，被评为湖北省大中专学生暑期社会实践活动优秀工作者。自2003年获得第一届国家级教学名师奖以来，又先后于2004年获国家级精品课程——“马克思主义哲学原理”课程带头人；2008年获国家级教学团队——“武汉大学思想政治理论课系列课程”教学团队带头人；2009年获国家级教学成果一等奖（排名第2）；2010年获国家级精品课程——“马克思主义基本原理概论”课程带头人。

在教学改革方面，于1997年、2001年分别获湖北省教学成果二等奖（排名第1）；2001年讲授和制作的《辩证的否定观》教学示范片获教育部“精彩一课”奖；2002年获教育部人文社会科学优秀教材二等奖（排名第4）；2008年获湖北省教学成果一等奖（排名第2）。

在科研方面，先后出版主要学术著作（含教材）31部。其中，独著6部，公开发表学术论文180多篇。主持科研项目14项（含

① 国家教学名师——石云霞，http：//www.whu.edu.cn/info/1269/3727.htm.

国家和教育部社科基金项目重点项目、一般项目等），获得教育部和湖北省政府奖3项，其中，《当代中国价值观论纲》（主编）获2000年湖北省社会科学优秀成果三等奖；《“两课”教学法研究》（主编），是国内第一本关于高校思想政治理论课教学法研究的专著，获2004年湖北省社会科学三等奖，并被教育部评为全国研究生教学用书。2008年5月主编的《中国特色社会主义改革开放以来历史经验研究》书稿，入选国家新闻出版总署“纪念改革开放30周年百种重点图书选题”。专著《新中国成立以来中国共产党思想理论教育历史研究》（上、下），2009年获第五届教育部人文社会科学二等奖，2012年获第六届吴玉章基金人文社会科学奖优秀奖。全书用12年时间写成（第一版11年，修订版1年），155.6万字，是国内该研究领域具有一定原创性的著作。2011年个人专著《新中国思想理论教育60年（1949—2009）》，55万字，获第四届全国教育科学研究优秀成果二等奖；2012年被评为中国大学出版社优秀著作一等奖。先后被评为武汉大学教学名师、师德标兵、优秀共产党员，并先后有多家省级以上报纸杂志，以“红烛影银发、丹心育英才”“赤诚育人才”“名师讲台天地阔”“‘学为人师、行为世范’的践行者”“奋进者的足迹”“黄土高原上的特殊一课”等为题，以通讯报道、人物专访等形式，刊载其教书育人典型事迹。2003年，他将自己获国家级教学名师奖的奖金2万元，捐赠给武汉大学政治与公共管理学院用于资助贫困生。2009年暑期，带领本科生赴陕西省延安市安塞县农村“三下乡”实践期间，向当地希望小学捐款1万元。2010年下半年，武汉大学纪念合校十周年，以“对学校合校十年来作出突出贡献、具有广泛社会影响、体现武汉大学精神风貌”为条件，评选十大风云人物，是全校文科教师诸多候选人中的唯一胜出的一名代表。

2. 丁俊萍①

丁俊萍，女，1955年6月生，安徽人，法学博士，武汉大学

① 教育部社会科学委员会委员——丁俊萍，湖北高校思政网，2015年11月02日。

马克思主义学院教授，中共党史专业、马克思主义中国化研究专业博士生导师；中共武汉大学党委委员；武汉大学政党研究所所长、中国特色社会主义理论研究中心副主任、人文社会科学委员会委员、学术丛书编委会委员；曾兼任武汉大学法学院政治理论课部主任，政治与行政学院副院长、常务副院长、党委书记，政治与公共管理学院院长等职；曾当选为中共湖北省第六、七届党代会代表，武昌区第十二届人大代表。兼任教育部社会科学委员会委员、中国中共党史学会理事、中国统一战线理论研究会理事、湖北省马克思主义理论教育研究会副理事长、湖北省中共党史学会副会长、湖北省党史人物研究会副会长、湖北省政协理论研究会副会长、湖北省统战理论研究会常务理事、湖北省党建研究会理事、中华人民共和国国史学会高校专业委员会常务理事、中国中共党史学会学科建设委员会委员、河南省刘少奇党建经济思想研究会兼职研究员、湖北省纪委和监察厅党风廉政建设特约研究员、中国统一战线理论研究会党外知识分子统战理论研究基地副主任兼秘书长，四川大学、首都师范大学、中南民族大学、三峡大学、贵州省民族学院、湖北省委党校等单位的兼职教授，山东大学马列主义理论教学部学术委员会特聘委员，湖北省统一战线理论与实践研究基地学术委员会主任委员。

主要从事中国共产党思想理论、执政党建设与当代中国政治等方面的教学和研究。先后主讲不同层次课程十余门，在《中共党史研究》《党的文献》《马克思主义研究》《政治学研究》《毛泽东思想研究》《教学与研究》《高校理论战线》《思想理论教育导刊》《理论视野》《社会主义研究》《江汉论坛》《武汉大学学报》等刊物上发表学术论文近百篇，其中《邓小平关于党和国家工作重点实现向经济建设转移的理论思考》入选全国纪念党的十一届三中全会召开20周年理论研讨会，获湖北省1994—1998年度人文社科成果三等奖；《中国共产党解放和发展生产力思想与实践的历史特点》获中国中共党史学会1991—2000年度优秀党史论文二等奖；《建国后党对解放和发展生产力问题的思考》系列论文获湖北省第三届（1999—2000年）人文社科成果二等奖；《邓小平“一国两制”构想刍议》获武汉大学第八届优秀科研成果二等奖。多篇论文被《新华文摘》《人大报刊复印资料》转载或摘登。出版学术著作（含独著与合著）10余部，其中个人独著《中国共产党解放和发展生产力思想研究》，获第三届中国高校人文社科成果一等奖、首届湖北图书奖、第八届全国优秀党建读物奖、武汉大学第八届人文社科成果一等奖；合著《毛泽东国家学说》《毛泽东建党科学体系发展史》《马克思主义建党学说史》《海峡两岸关系史》分别获得湖北省或武汉大学优秀科研成果奖。另有《社会新阶层与统一战线》《中国特色社会主义建设基本经验论》《与时俱进的理论新篇——“三个代表”重要思想解读》《毛泽东人民民主思想的历史发展》《党风党纪教育学》等著作。

主持或作为主要参加者承担省部级以上科研项目15项，其中，中央马克思主义理论研究和建设工程项目2项，国家社科基金项目2项，教育部重大招标项目2项，教育部重大委托项目2项，教育部人文社科一般项目5项，湖北省社科基金2项。此外，还有多个省厅级研究项目。先后为省部级以上单位撰写调研报告6份，其中《湖北地区高校“两课”教育实效性调研报告》被教育部社政司评为优秀调研报告，《推进党内民主建设的整体思路和具体途径》被湖北省纪委、监察厅授予优秀调研报告特别奖。

曾被评为武汉大学首届优秀青年教师、教学名师、师德标兵、优秀共产党员、优秀党员干部等；曾获湖北省有突出贡献的中青年专家、湖北省优秀教师、湖北巾帼建功标兵、湖北省三八红旗手、湖北名师、全国教育系统巾帼建功标兵等荣誉称号。曾获国家教学名师奖、宝钢教育奖和国务院颁发的政府特殊津贴。

3. 朱喆①

朱喆，男，1965年6月生，湖北省蕲春县人，哲学博士，教

① 教育部高校思想政治理论课教学指导委员会、《思想理论教育导刊》编辑部组编：《无悔信念 芬芳桃李——高校思想政治理论课教师2014年度影响力人物事迹》，高等教育出版社，2015年11月。

授，博士生导师，武汉理工大学马克思主义学院院长；国务院学位办学科评审通评专家；全国青年马克思主义论坛学术委员；湖北省马克思主义理论研究会常务理事、副秘书长；湖北省中西哲学史学会常务理事；湖北省哲学学会副会长、常务理事；湖北省炎黄儒学研究会常务理事、学术部长、副会长；湖北省社科基金、社科奖评审专家；湖北省马克思主义论坛学术委员、副秘书长；湖北省人事考试院命题专家；湖北省国学研究会常务理事；湖北省青年社会科学工作者协会副会长。黄冈师范学院“黄州学者”、兼职教授；江西南昌工学院“双高人才”、特聘教授；江西科技师范大学客座教授；湖北省教育厅、江汉大学“彩虹学者”特聘教授；湖北省人文社科重点研究基地“主流意识形态建设与教育研究基地”学术委员（武汉大学）；湖北省人文社科重点研究基地“少数民族思想政治教育研究中心”学术委员（中南民族大学）；湖北省“马克思主义理论与中国实践协同创新中心”首批研究员（武汉大学）；湖北省人文社科重点研究基地“党外知识分子与统一战线研究基地”特聘研究员（武汉大学）；湖北省高校人文社科重点研究基地湖北省思想政治教育管理研究中心兼职研究员（华中师范大学）；武汉理工大学工业遗产与文化研究中心主任；武汉理工大学马克思主义理论研究中心主任。

他先后参加了2005年中央党校“高校哲学社会科学教学科研骨干研修班”，2008年中宣部“高校哲学社会科学教学科研骨干学习贯彻党的十七大精神培训班”，2009年教育部“高校思想政治理论课骨干教师研修班”。历任学校党的十七大、十八大、社会主义核心价值观宣讲团成员，受聘为省委讲师团专家，应邀在众多党政企事业单位宣讲报告数百场，受众数万人。先后多次被评为湖北省高校思想政治教育先进工作者。

他热爱思想政治理论课教育教学工作，担任了从本科生到博士研究生的思想政治理论课的教学，如“马克思主义基本原理概论”“中国马克思主义与当代”等课程的教学任务。他所主持的“马克思主义基本原理概论”，2006年入选教育部精彩一门课；2010年被评为湖北省精品课程。课堂教学深受学生欢迎，不少学生通过微博、电子邮件等多种渠道表达对其学识素养和个人魅力的认同与推崇。多次获师德先进个人、教学优秀奖、先进工作者标兵等荣誉，获武汉理工大学首届教学名师奖、“湖北名师”奖等。

他积极开展教学研究，主持或参与多项教育部、湖北省教研项目，主编教辅《马克思主义哲学学习辅导》，参与主编教育部马工程教材辅导读本，获得多项省级教学成果奖等。

他带领全院教师积极探索课堂教学方法创新，努力探索实践教学改革，推动在高校、社会单位挂牌建立学生实践基地。组织团队策划实施马克思主义教育“卓越领航工程”，创立“求是学堂”。他带领学院在思想政治理论课教学方面取得显著成果：先后获得国家精品课程、国家精品资源共享课和精品视频公开课立项 3 门次，教育部“精彩一课”2 人次，省精品课程 4 门次；1 人获得全国思政课教学能手称号，1 人被授予“湖北名师”称号；其本人于 2014 年入选湖北省马克思主义中青年理论家培育计划。

他在科研上成就突出，其研究侧重于把马克思主义与中国文化结合起来。在《马克思主义哲学研究》《哲学研究》《新华文摘》《人民日报（理论版）》《光明日报（理论版）》、中国人民大学复印报刊资料、《哲学与文化》（台湾）等国内及境外权威和重要报刊发表或被转载学术论文 100 多篇；在上海人民出版社、中央文献出版社等出版专著、合著、教材等 20 多种。主持国家社科基金、教育部人文社科项目、湖北省社科基金等纵向课题 10 多项，主持或参与其他课题多项。先后获得省市社科成果政府奖 8 次。

总之，作为学科建设的主要负责人和学科带头人，朱喆率先垂范，力求把马克思主义理论教育、学术研究与学科建设结合起来，致力于师者授业传道育人，努力锻造学生衷心喜爱的精品课程，潜心科学研究，倾注于推动马克思主义理论学科和思想政治理论课的建设。

可以看出，以上三位教学名师都来自中央部委高校，受聘教授职务，具有深厚的马克思主义理论素养，深刻地领悟马克思主义的本质、精华及时代特征，完整、准确地理解和领会党的路线、方针和政策，科学、系统地认识社会主义核心价值体系。他们长期从事思政课教学工作，有符合时代特点的教学思想，注重教学改革与实践，教学水平高，教学效果好，主讲课程在全国或全省同领域内有较大影响；而且他们学术造诣高，长期从事科学技术研究，并取得公认的研究成果。

（二）全国高校思想政治理论课年度影响力人物

为做好《普通高等学校思想政治理论课教师队伍培养规划（2013—2017年）》的实施工作，展现“05方案”实施以来高校思想政治理论课教师的优秀风采，树立一批教书育人的先进典型，在教育部社会科学司的具体指导下，教育部高校思想政治理论课教学指导委员会和《思想理论教育导刊》编辑部组织和发起了高校思想政治理论课教师影响力人物推选活动。由全国思想政治理论课教学指导委员会委员、有关省（区、市）教育部门职能处室负责人、高校思想政治理论课教研部门负责人和一线教师、媒体代表等组成的评委会进行通讯推选，最后由会议推选专家结合网上投票情况和专家评分情况进行充分研究、综合会评。迄今为止，武汉地区高校共有2人当选影响力标兵人物，7人当选影响力人物，13人入选影响力提名人物（含高职院校和民办本科院校）。

1. 影响力标兵人物

（1）佘双好①

佘双好，男，1964年11月生，中共党员，法学博士，教授，思想政治教育专业博士生导师。现任武汉大学马克思主义学院院长，武汉大学发展与教育心理所所长。曾任武汉大学政治与公共管理学院院长。主要研究方向为思想政治教育理论与方法、心理健康教育。学术兼职有：全国高校马克思主义理论研究会副会长，湖北省思想教育课程建设研究会副会长，湖北省大学生心理咨询研究会

① 教育部高校思想政治理论课教学指导委员会、《思想理论教育导刊》编辑部组编：《春风化雨　立德树人——2013年度影响力人物事迹》，高等教育出版社，2014年10月。

副会长，中国青少年研究会第三届理事会理事，中国思想政治工作研究会、中宣部思想政治工作研究所特约研究员，中央马克思主义理论研究与建设工程《德育原理》主要成员等。主讲课程有《思想道德修养与法律基础》《发展心理学专题》《人格心理学专题》《心理咨询与心理健康教育》《思想政治教育研究方法》等。在《马克思主义研究》《思想理论教育导刊》等国内重要学术期刊上发表学术论文100多篇。出版了个人学术专著《现代德育课程论》《青少年思想道德现状及健全措施研究》等，主编《大学生思想政治教育研究方法》《心理咨询与心理健康教育》等10多部。主持课题12项，主要有国家社会科学基金项目重大课题招标项目“中国特色社会主义理论体系普及计划途径、载体和方法研究”、国家社会科学基金项目一般课题“青少年思想道德建设研究”、全国教育科学规划“大学生民主与法制观现状及建设措施研究”“高校德育目标内容模式研究”“德育课程实效性研究”等。其学术专著《青少年思想道德现状及建设措施研究》于2013年获教育部第六届人文社会科学优秀成果三等奖。

作为学院负责人，他积极支持学科发展，做好学科建设的组织、协调工作，同时发挥学科建设的领导和带头作用。在他及学科团队的努力下，武汉大学马克思主义理论一级学科在2013年获得新的发展，一是成功申报学校“哲学社会科学优势和特色学术领域建设团队”，组建3个创新团队，与“马克思主义基本理论与现时代”“中国特色社会主义道路、理论体系、制度”“思想政治教育理论与实践创新研究”三个优势特色学术领域统筹发展。二是推动省校共建的“马克思主义理论与中国实践协同创新中心”建立。2014年4月24日，该创新中心正式揭牌，为打造一流的马克思主义理论研究高地、决策咨询智库、人才培养基地、调查研究体系、信息资源门户、学术交流平台奠定了坚实的基础。三是成功申报湖北省普通高校人文社会科学重点研究基地“主流意识形态建设与教育研究中心”和“党外知识分子统战工作理论研究基地”，为科学建设搭建了新的平台。

他积极探索和推动思想政治理论课的教学改革，注重增强课程内容的内在吸引力和感染力。对课程的教学体系和培养模式进行整体规划；对“毛泽东思想和中国特色社会主义理论体系概论”与“中国近现代史纲要”课中交叉重复突出的内容进行了改革创新；整合武汉大学的优质教师资源，以专题方式对教学资源进行优化整合；提出体验式教学的理念和教学模式，形成多层次、多渠道、多样化的课程实践教学模式。2009 年，他作为主要参与者的《以改革创新精神整体推动思想政治理论课程建设》获国家教学成果一等奖。2013 年，学院本科 4 门思想政治理论课中有 3 门入选中国大学精品资源共享课。学院以《“六位一体”的多元立体教学模式——武汉大学思想政治理论课教学方法改革创新项目》获批“高校思想政治理论课教学方法改革项目择优推广计划”。

他扎根教学，带头开展党的创新理论成果“三进”工作，坚守教学第一线，无论工作轻重，必须为教学“让路”。他的课堂教学，因生动活泼的形式、贴近学生的事例、入情入理的讲授，受到学生们的追捧和好评。此外，他还加强课堂外对大学生的教育引导，成为学生社团活动的“主要嘉宾”，大学生社会实践工作的“指导老师”，以及武汉大学“烛光导航工程”的首批导航师。经过他直接指导和帮助的学生多达 200 余人。

他在科研和学科建设中尽显才华，教学方面锐意改革，而且注重对大学生思想和精神的引导，因此，荣获“高校思想政治理论课教师 2013 年度影响力标兵人物”称号。

（2）杨军①

杨军，女，1967 年 7 月生，中共党员，博士，武汉大学马克思主义学院教授，博士生导师，国家精品课程和资源共享课“毛泽东思想和中国特色社会主义理论体系概论”教学骨干、课程组助理，武汉大学国家级优秀教学团队成员。

她热爱思想政治理论课教学并长期躬耕于教学一线，坚持在教

① 教育部高校思想政治理论课教学指导委员会、《思想理论教育导刊》编辑部组编：《传播真理　仁爱育人——高校思想政治理论课教师 2015 年度影响力人物事迹》，高等教育出版社，2016 年 12 月。

学中结合学生关心、关注的热点问题、不断探索适合不同专业学生的教学方法和手段，增强教学内容的思想性、学理性和针对性。她讲课时充满激情，并使自己的教学语言“亲近”学生，她经常把歌词、电影台词和网络热词糅进教学叙述中，努力把中国化的马克思主义讲得生动活泼。她的教学得到学生很高的评价。

她在课堂内外热心关爱学生，深受学生喜爱。对于本科生，欢迎他们以邮件和短信的方式和自己交流，热心解答他们提出的学习方面的问题，尽可能帮助他们排解生活中遇到的烦恼困惑或者提出一些建议。对于研究生，既严格要求又爱护帮助。逐字逐句批改他们的论文，资助他们购买图书、外出调研和参加学术会议，要求研究生坚持正确的政治方向，认真研读经典原著，掌握基本理论，重视科学方法的运用。在就业方面，给他们提供力所能及的帮助。还关注研究生的心理情绪变化，及时给予引导和疏解。因此，她是研究生心目中真正的良师益友。

她坚持通过勤奋研究增强教学的学术含量。她先后主持、参与教育部、国家社会科学研究基金项目多项，出版著作和教学辅导书籍 8 部，在《马克思主义研究》《思想理论教育导刊》等发表了 40 多篇学术论文。同时，主持和参与编写通俗理论读物《画说中国特色》《社会主义历程与中国道路》《兴国之魂——社会主义核心价值体系释讲》等。2013 年，她参加编写的《马克思主义中国化史》获得了教育部第六届高等学校科学研究优秀成果（人文社会科学）著作类二等奖，2014 年参加编写的《兴国之魂——社会主义核心价值体系释讲》获第十三届全国精神文明建设“五个一工程”奖。她还敢于亮剑，先后在《参考消息》《中国社会科学报》《辽宁日报》等报纸上发表《历史虚无主义虚无了什么?》《学术“洋八股”必须废止》《正确评价毛泽东具有现实意义》《为什么西方宪政民主频遭质疑》《比较中的〈资本论〉更具真理力量》《历史虚无主义思潮最新表现形态》《对提升社会思潮研判水平的几点看法》等 20 多篇短文，坚持唯物史观的观点和方法，分析多种社会思潮的主要观点及其实质，说明社会思潮的问题取向、价值取向和社会影响，引导人们正确认识中国的历史与现实。这些短文产生了积极的社会影响，有多篇文章的网上点击量过万，也得到了理论界专家的肯定和同行的关注，被光明网、人民网、求是理论网、马克思主义研究网等多个网站转载，被人大复印报刊资料收录5篇，被中宣部的《学习活页文选》选用3篇。

她积极运用自己的知识和研究成果服务党政决策。她多次撰写社会思潮动态报告，参与湖北省的舆情分析会议。为了使自己的报告实事求是、全面准确地反映情况，她坚持每天花一个多小时在网上浏览，还经常与不同职业的普通人交流，向不同学科的专家请教。在学院日常工作中，杨军留给同事这样的印象：她敬业，因为她每年承担400多学时的教学任务，会为了组织课程组的教学和备课反复与老师们沟通，会认真及时地完成学院交办的临时性工作；她热心公益，无论是学生的学术活动还是教师的运动会，都可以看到她的身影，她多次荣获“学院公益建设奖”；她和善助人，主动给青年教师提供教学资料和教学信息，在排课上主动为他人着想。

她是一名普通的高校思想政治理论课教师，没有响亮的头衔和称号，但长期在平凡的岗位上，以高度的责任感和勤奋踏实的工作，向学生、向社会散发着正能量。因此，入选“高校思想政治理论课教师2015年度影响力人物”，她当之无愧。

2. 影响力人物

截至目前为止，武汉地区高校共有7名教师入选高校思想政治理论课教师影响力人物。2013年度当选的是中南民族大学马克思主义学院李资源教授和武汉理工大学马克思主义学院王智教授。列入“高校思想政治理论课教师2014年度影响力人物”名单的则是武汉理工大学马克思主义学院朱喆教授（上文已作介绍）、华中农业大学马克思主义学院吴春梅教授和武汉大学马克思主义学院袁银传教授。2015年度，华中科技大学马克思主义学院刘家俊教授和武汉理工大学马克思主义学院郭国祥教授当选。

（1）李资源①

李资源，男，1957 年 7 月生，湖北省仙桃市人。现为中南民族大学二级教授，兼任中国民族理论学会第九届理事会理事、湖北省社会科学界联合会第八届委员会委员、湖北省高等学校马克思主义理论教育研究会秘书长、湖北省中共党史学会副秘书长、中国统一战线理论研究会“国共两党关系史和海峡两岸关系史”研究中心特约研究员、湖北省董必武思想研究会学术委员会委员、武汉延安精神研究院学术委员会委员。

李资源始终坚持以一颗金子般的心，在教育园地里默默地耕耘，把真理播在学生心坎里。他先后给本科生讲授“中国革命史”“毛泽东思想和中国特色社会主义理论体系概论”“形势与政策”以及研究生“中国近现代政治思想史研究”“中国共产党思想政治教育史研究”等多门课程，要求自己认真上好每节课，“让每节课都有品味”，引导学生正确认识马克思主义中国化的理论成果。在教学实践中，他始终坚持四个“做到”：一是做到“真”，对待马克思主义做到真学、真懂、真信、真用。二是做到教学重点突出。在把握理论整体性的同时，把教学中的重点理论讲深讲透，使思想政治理论课教学有一定的理论深度。三是做到关注学生实际。结合教学内容，选取相关社会热点和大学生思想上疑惑的问题，启发学生进行分析思考。四是做到不断拓展教学方法。重视启发式、参与式、课堂讨论、专题讲座、专题演讲等多种方法的灵活运用，增强马克思主义中国化理论成果的真理魅力。因此，他的课深受学生欢迎。

科研方面，他独辟蹊径，彰显特色。多年来执着探求中国共产党民族理论和实践的研究，取得了丰硕的成果。先后主持国家社科基金项目 4 项，其中重点项目 2 项，省、部级及其他社科基金项目 10 余项。在《光明日报》《思想战线》《广西民族研究》《贵州民

① 教育部高校思想政治理论课教学指导委员会、《思想理论教育导刊》编辑部组编：《春风化雨　立德树人——2013 年度影响力人物事迹》，高等教育出版社，2014 年 10 月。

族研究》等几十种刊物上发表学术论文百余篇；出版个人专著《中国近现代少数民族革命史要》《中国共产党民族工作史》《文明的呼唤——中国少数民族传统伦理道德研究》《中国共产党民族法制建设史研究》等；与人合著《中国共产党少数民族文化建设研究》(2010年入选首届国家哲学社会科学成果文库)、《中国共产党与少数民族传统文化保护和发展研究》等。科研成果获教育部第六届高等学校科学研究优秀成果奖二等奖1项，湖北省社会科学优秀成果一、三等奖各1项，国家民委社会科学研究（民族问题研究）优秀成果一、三等奖各1项，武汉市社会科学优秀成果一等奖2项（二、三等奖各1项），广西壮族自治区“五个一工程”奖1项等。2011年，入选中国校友会网大学研究团队发布的中国杰出人文社会科学家名单。

此外，作为湖北省高校马克思主义理论教育研究会秘书长，李资源倾注了大量心血，积极配合省教育厅思想政治与社会科学处，抓好教师培训和教学研究工作。研究会多次组织了不同形式的培训班，加强了高校思想政治理论课的教师队伍建设，培养了一批又一批青年教师成为思想政治理论课教学的骨干力量。

总之，李资源在教学上真情播种，春雨润物细无声；科研上，独辟蹊径立新言。而且，始终本着服务教师的宗旨，甘为人梯，乐于奉献，为青年教师的成长搭建平台。

(2) 王智①

王智，男，1972年2月生，安徽省肥东县人，法学博士，教授，博士生导师，武汉理工大学马克思主义学院副院长，兼任中国现代史学会常务理事、湖北省人民政协理论研究会常务理事、湖北省青年社会科学工作者协会常务理事、湖北省中共党史学会理事、湖北省统一战线理论研究会理事、湖北省统一战线理论与实践研究基地副秘书长、武汉市人民政协理论研究会理事。

① 教育部高校思想政治理论课教学指导委员会、《思想理论教育导刊》编辑部组编：《春风化雨　立德树人——2013年度影响力人物事迹》，高等教育出版社，2014年10月。

他躬行中共党员及思想政治理论课教师之职任，注重政治素质、道德品行、业务水平等各方面的能力培育。先后参加了2006年中央党校“高校哲学社会科学教学科研骨干研修班”、2008年中宣部“高校哲学社会科学教学科研骨干学习贯彻党的十七大精神培训班”、2011年教育部“高校思想政治理论课骨干教师研修班”和2013年、2014年教育部“高校思想政治理论课中青年骨干教师经典著作研读培训班”。致力于马克思主义大众化之事业，历任学校党的十七大、十八大、群众路线教育实践活动精神宣讲团成员，受聘为“洪山道德大讲堂”宣讲团成员，应邀在湖北、湖南、河南、安徽、广东、广西、浙江、上海、北京等地众多高校、党政企事业单位作宣讲报告百余场次，受众万余人次。除了面对重点高校的大学生外，他还深入湖北省黄梅县下新镇、武汉市洪山区珞南街、武昌区中小学教育系统、武汉市武警部队、武汉市运管处等基层单位宣讲，取得了良好的社会反响；并多次到湖北省电视台做访谈嘉宾或评议专家，借用大众传媒推动马克思主义在更广泛范围的大众化。先后被评为湖北省理论学习先进个人、湖北省思想政治教育先进个人。

他热爱思想政治理论课教育教学工作，主要担任“毛泽东思想和中国特色社会主义理论体系概论”课程教学任务，承担了大量本科生思想政治理论课和研究生教学工作，其教学水平突出，教学质量优秀，深受学生喜爱。多次获师德先进个人、教学优秀奖、先进工作者、年度考核优秀、中材建设奖教金等荣誉，获得武汉理工大学首届教案评比一等奖，首届青年教师授课比赛二等奖。

王智立足校情，以面向行业与地方为路径，探索思想政治理论课教学方法改革与创新。其所任教课程于2006年被评为国家精品课程，2013年获得国家精品资源共享课立项。实施“因材施教——因地制宜”教学法、“双向嵌入式”教学法、“专题发言”教学法等；探索实践教学改革，探索考试方法改革，实施“全过程综合评价考核方式”；开展教学研究，获得湖北省多媒体课件竞赛二等奖。主持2012年湖北省教研项目，主编教辅《毛泽东思想和中国特色社会主义理论体系概论学习与考试指导》，所在团队2013年获得省级教学成果三等奖。

作为学校思想政治理论课教学的负责人，他组织团队策划实施“卓越领航工程”，创立“求是学堂”等一系列卓有成效的大型活动，《光明日报》《湖北日报》、湖北电视台、人民网、光明网、凤凰网等有广泛报道。他所主管的思想政治理论课建设取得了显著成果：先后获得国家精品课程、国家精品资源共享课和精品视频公开课立项3门次，教育部“精彩一课”2人次，省精品课程4门次；1人获得全国思政课教学能手称号，1人被授予“湖北名师”称号；其本人于2013年入选教育部全国优秀中青年思想政治理论课教师择优资助计划。

在科研上他卓有成就。在重要期刊以及《新华文摘》、人大学复印资料发表或被转载论文60多篇次，出版专著《当代中国政治结构变迁》及主编参编著作教材10余种；主持国家社科基金2013年一般项目《中国共产党协商民主制度的历史与逻辑研究》，以及教育部和湖北人文社科项目5项，参与国家社科基金重大委托项目、招标项目、一般及青年项目5项，主持和参与其他各类课题30多项。2013年，他还联合珞南街，组织了一个数十人的团队，启动珞南文史的编撰工作，开创性地对一个基层街道近30年的历史进行研究。先后获得省市社科成果政府奖5次，2013年被湖北省社科联评为“荆楚社科英才”，2015年入选湖北省中青年马克思主义理论家培育计划。

总之，他不断追寻与传播中国本土的政治智慧。坚定政治信仰，躬行道德职守；立德育人至上，不舍三尺讲台；创新教学方法，打造精品课程；致力科学研究，与学科共成长。

（3）吴春梅①

吴春梅，女，1966年2月生，博士，教授，博士生导师，曾

① 教育部高校思想政治理论课教学指导委员会、《思想理论教育导刊》编辑部组编：《无悔信念　芬芳桃李——高校思想政治理论课教师2014年度影响力人物事迹》，高等教育出版社，2015年11月。

任华中农业大学马克思主义学院院长，校马克思主义理论一级学科和马克思主义中国化研究二级学科首席教授，教育部高校马克思主义理论类专业教学指导委员会委员。

她扎根思政一线，始终以教书育人为第一要义，高度关注学生的“三信”问题，长期坚持教学研究与改革，牵头探索的“主题体验、协同育人”方法获批教育部高校思想政治理论课教学方法改革择优推广计划入选项目。坚持以科研促教学，公开发表教研论文10余篇。主讲的“毛泽东思想和中国特色社会主义理论体系概论”教学效果优秀，深受学生欢迎。负责的该课程被评为湖北省精品资源共享课。她本人先后获霍英东教育基金会高等院校青年教师奖教学类三等奖1次，湖北省政府普通高校教学成果一等奖等省级教学奖励7次，湖北省高校思想政治教育先进工作者和“两课”教学先进工作者各1次。

主要从事与农村问题相关的中国特色社会主义民主政治和文化建设研究，在马克思主义理论学科开展规范与实证结合的问题导向式综合研究，是她科研的一大特色。她领衔的“中国特色社会主义新农村建设研究”获批湖北省高校优秀中青年科技创新团队，该团队长期坚持实地调查，得出了诸多创新性研究结论。主持了包括国家社会科学基金在内的教研和科研课题20余项，在《马克思主义研究》《政治学研究》《中国农村观察》等核心以上期刊公开发表学术论文60多篇，出版专著1部。先后获湖北省自然科学优秀学术论文二等奖、湖北省社会科学优秀成果三等奖和二等奖各1次；两次入选省级人才培育计划。

时刻牢记社会义务，在服务中彰显她的责任意识。一方面力推学院的学科建设与科研发展，提出了“入主流、创特色、协同创新、重点突破”的学科建设思路，学院呈现阶段性的跳跃式发展态势。另一方面，努力面向基层做好咨政服务。近3年，每年参与省政府组织的专家咨询座谈、理论热点面对面宣讲、新农村建设咨询5次以上，一些实证调查结论引起中宣部领导的关注和省委领导的认可。

（4）袁银传①

袁银传，男，1965 年 12 月生，湖北云梦人，现任武汉大学马克思主义学院副院长、教授、博士生导师，国家重点学科马克思主义基本原理学科博士点负责人和学术带头人，武汉大学珞珈特聘教授，入选教育部新世纪优秀人才支持计划；全国高校马克思主义理论学科研究会副秘书长，湖北省哲学学会副会长，中央马克思主义理论研究和建设工程研究生思想政治理论课“中国马克思主义与当代”教学大纲编写课题组主要成员，国家社会科学基金和教育部人文社会科学基金通讯评审专家。

袁银传潜心思想政治理论课教学，先后主讲多门本科和研究生思想政治理论课，在教学上注重政治性和学术性的统一，精益求精，信息量大，充满激情，能够将最新科研成果及时转化为教学成果，教学效果好。

他长期从事教学管理工作，兢兢业业，亲力亲为，积极推动新形势下武汉大学思想政治理论课教学改革，为使武汉大学思想政治理论课走在全国前列而努力工作。在广泛调查研究征求师生意见的基础上，起草了《关于进一步加强和改进新形势下武汉大学思想政治理论课建设的意见》，提出了课程建设和改革的建议并提交学校思想政治理论课建设领导小组。注意发挥学院教学督导组的作用，依托学院教学督导组，强化教学日常管理、基层教学组织管理和青年教师培养，注意激发青年教师的教学活力。此外，他积极组织和推动武汉大学思想政治理论课教师暑期社会实践考察和暑期大学生社会实践教学活动，积极推动马克思主义学院学生实习基地建设。

他主要从事马克思主义基本原理、马克思主义发展史、马克思主义中国化等的教学和研究工作。在马克思主义基本原理的整体性与方法论、20 世纪马克思主义发展史、中国特色社会主义理论体

① 教育部高校思想政治理论课教学指导委员会、《思想理论教育导刊》编辑部组编：《无悔信念　芬芳桃李——高校思想政治理论课教师 2014 年度影响力人物事迹》，高等教育出版社，2015 年 11 月。

系、社会主义核心价值观、当代西方政治哲学思潮、小农意识与中国现代化等领域都有比较深入的学术研究，取得了一批有影响的科研成果。已在《中国社会科学》《哲学研究》《马克思主义研究》《国外社会科学》《人民日报》理论版、《光明日报》理论版等学术期刊共发表学术研究论文120余篇，多篇论文被《新华文摘》《中国社会科学文摘》、中国人民大学复印报刊资料转载。出版学术著作10余部。近五年，主持国家级、省部级各类科研项目六项，其中国家社科基金重点项目1项，国家社科基金一般项目1项，教育部新世纪优秀人才支持计划项目1项，教育部人文社科基金一般项目1项，教育部人文社科基金专项项目2项。近五年，荣奖省部级以上科研成果奖励共6项。

（5）郭国祥①

郭国祥，男，1968年出生，湖南双峰人，博士，武汉理工大学马克思主义学院教授，硕士生导师；湖北炎黄儒学会理事，中国现代史学会会员，中国近现代史硕士点学术带头人，新郑市人民政府科技发展顾问，国家公务员考试命题专家和专家考官，国家博士后基金评委、教育部社科基金评委，武汉理工大学马克思主义学院中国近现代史教研部主任。

主要从事“中国近现代史纲要”课的教学，他善于运用多种教学方法调动学生的学习积极性，探索出很有个性和特色的“专题式讲授、学生参与式教学、案例教学与实践教学四位一体”的新教学模式。他对于理论内容的设计突出重点，突出教师特长，突出地方特色，突出年度纪念活动和热点，让内容更紧凑，更有趣味性和针对性。为了让同学们贴近史实，走进历史，他还多次将课堂设在了武汉辛亥革命博物馆，现场讲解历史的风云脉动，学生深感震撼，终身难忘。他注重与学生互动，充分发挥现代信息技术的作用，利用微博、博客、电子邮件与学生互动。他积极利用网络技

① 教育部高校思想政治理论课教学指导委员会、《思想理论教育导刊》编辑部组编：《传播真理　仁爱育人——高校思想政治理论课教师2015年度影响力人物事迹》，高等教育出版社，2016年12月。

术，开设网上课堂。还尤其注意将最新的科研成果转化到教学中。这里的科研成果有两种，一是学术界的最新科研成果，二是任课教师的科研成果。转化前者，能使学生了解中国近现代史与马克思主义中国化研究的学术前沿，更好把握中国近现代史的多重面相与学科发展趋势；应用后者则授学生以研究方法，把课堂教学提升到研究性的程度。他认为教学要以人为本，以学生为本，注重发挥学生的主体作用。郭教授每个学期都要搞几次“学生主体性学习”活动。在老师的指导和帮助下，让学生全程主持课堂，学生可采取微电影、课堂讲解、课堂讨论、课堂演讲、课堂游戏、课堂主持人等形式讲授指定内容，这极大地激发了学生的学习积极性，提高了学生的综合能力。因此，他的课深受学生欢迎，教学效果良好，多次获得了优质课程 A 类。

他积极从事教学研究，在《人民日报》理论版、《党史研究与教学》《学校党建与思想教育》等刊物发表多篇教学研究论文；教学研究得到了各界的认可，获得过湖北省高校思想政治教育研究会优秀成果二等奖。提出的“创新理念、创新内容、创新方式”的观点引起了全国各高校的广泛注意，该观点被包括北京大学宣传部、清华大学宣传部、中国人民大学宣传部在内的全国 100 多家网络媒体转载。他认为“纲要”课教学必须以高度的责任感和深刻的理论性逻辑性对学生困惑的问题进行严肃的讲解，也引起了思想理论教育界的重视。此外，他根据大纲要求和学生的疑惑，精心撰写了专著《中国近现代史纲要课程教学有效性研究》，对重点难点热点问题进行了准确详尽的解答，就“中国近现代史纲要”的一些教学内容进行学术探讨，提出了一些新观点，在学术界产生了较大的反响。并组织教师搜集资料，编写了 10 多万字的课外阅读材料。

他在《人民日报》《新华文摘》《中国社会科学文摘》《人大复印资料》等报纸杂志发表、转载论文 40 多篇，主持教育部等纵向课题 10 多项，获得过重庆市期刊好作品一等奖，湖北省高校思政论文二等奖，湖北省优秀博士论文奖和湖北省优秀硕士论文指导奖。

（6）刘家俊①

刘家俊，男，1951年出生，湖北武汉人，教授，博士生导师，曾任华中科技大学马克思主义学院副院长，现任华中科技大学中国化马克思主义研究所所长，华中科技大学马克思主义研究会特聘教授。兼任全国历史唯物主义学会常务理事、全国马克思主义哲学教学与科研研讨会核心组成员、湖北省反邪教协会常务理事、武汉市关爱协会常务理事。

长期以来，在本科生的“马克思主义基本原理概论”“马克思主义哲学”“毛泽东思想和中国特色社会主义理论体系概论”“形势与政策”和研究生的“马克思主义经典著作选读”“当代马克思主义研究”“中国马克思主义与当代”“自然辩证法”课堂教学中，刘家俊几十年如一日地坚持了他倡导的“元典导向、论语课堂工程”教学改革，发挥教师的“主导”作用；将学生真正作为教学的“主体”；以“论语课堂式的对话”为阶段性推进手段，促使学生研读“元典”，查找相关资料，构思提纲、撰写论文，通过对话、演讲、提问等，引起自己的心灵震撼。这种教学模式受到学生的热烈欢迎，使学生普遍受益，提高了思想政治理论课的教学效果和声誉。其作为校级“大学生人文素质教育”选修课的核心课程之一的“逻辑与幽默”课程，开课以来，每学期都有上千大学生网上争选，常常只有三分之一的争选者能如愿以偿。此课程还在省内多所院校开讲，其所表现出的“学者加幽默”的讲课风格，深受学生的欢迎，获校级教学一等奖（全校每年只评十名左右）和校级师德奖（全校每年只评十名左右）。

刘家俊教授还推动马克思主义大众化的事业，先后参加了党的十五大、十六大、十七大报告宣讲团活动，根据当时国内外形势和不同听众的具体需要，认真搜集资料、制作课件、激情准备，在省司法部门、省法制教育班、武汉市区级机关、武汉市教育部门、华

① 教育部高校思想政治理论课教学指导委员会、《思想理论教育导刊》编辑部组编：《传播真理　仁爱育人——高校思想政治理论课教师2015年度影响力人物事迹》，高等教育出版社，2016年12月。

中科技大学党政中心学习组、校各院系等，作专题报告六十余场，受到省委、学校有关领导和部门的多次表扬。

他主要从事马克思主义哲学、当代中国马克思主义、思维科学、逻辑与幽默的研究。近十年来，出版了《邓小平的发展观》《超越逻辑的思维》《中国古代圣贤论性灵跋涉》等相关学术著作、教材（讲义）8部。还在《人民日报》《光明日报》《毛泽东思想研究》《人大复印资料》等，发表学术论文70余篇，并承担和参加国家、教育部、湖北省社科规划项目等科研课题多项。

刘家俊教授这样理论结合实际地学习、讲授、研究马克思主义基本原理和中国化马克思主义，为立德树人做了根基性的工作。

入选的13名影响力提名人物包括：2013年度的3名，分别是华中师范大学马克思主义学院的李芳教授，华中农业大学马克思主义学院的李恺副院长和武汉东湖学院思想政治理论课部的高伟丽副主任；2014年度的5名，分别是中国地质大学（武汉）马克思主义学院政治理论系副主任、硕士生导师郭关玉，中南民族大学马克思主义学院院长阎占定教授，华中科技大学马克思主义学院副院长黄长义教授，武汉软件工程职业学院思想政治理论课教学科研部教授、校人文社会科学教育研究所所长陈浩川和武汉交通职业学院思想政治理论课部的罗晓珍教授；2015年度的5名，分别是华中师范大学马克思主义学院杨足仪副教授，中国地质大学（武汉）马克思主义学院院长高翔莲教授，中南财经政法大学马克思主义学院张瑞堂副教授，华中农业大学马克思主义学院梁伟军副教授和武汉纺织大学马克思主义学院院长朱丽霞教授。

综上所述，推选出的“影响力”人物，均为工作在马克思主义理论研究和思想政治理论课教学一线的高校教师。他们怀着对马克思主义理论的坚定信仰和执着追求，不断探索、积极进取，用良好的道德影响学生，用深刻的道理引导学生，努力成为学生健康成长的引路人。他们具备坚定的中国特色社会主义理想与信念，紧跟理论前沿，创新教学方法，教学有较强的针对性、时效性、感染性和启发性，而且，师德高尚，将政治立场、业务能力和道德品质三者有机地结合起来。尤其是“标兵人物”为思想政治理论课教育教学倾注了大量心血，深受学生喜爱和欢迎。

（三）十佳思想政治理论课教师

为了贯彻落实《中共中央 国务院关于进一步加强和改进大学生思想政治教育的意见》（中发〔2004〕16号）、《中共湖北省委 湖北省人民政府关于进一步加强和改进大学生思想政治教育的实施意见》（鄂发〔2005〕8号），激励先进，树立榜样，湖北省委高校工委、省教育厅发起和组织了全省高校思想政治教育先进集体和包括十佳思政课教师在内的先进个人的评选工作。湖北省十佳思政课教师是由省各高校推荐，然后经专家评审，省委高校工委、省教育厅研究审定的，得到广大师生公认的，在思政课教学岗位工作8年及以上，至今仍在教学一线的专职思政课教师，或教学工作虽不满8年，但有突出成绩，且要求志愿长期从事思政课教学工作的青年教师。

目前，武汉地区高校有17人获此殊荣。首届（2009—2010年度）当选的是杨一平、徐方平、李腊生、康凤云、罗骋、陶宏善、程安辉和王萍，共8人。第二届（2011—2012年度）入选的有9人，分别是余小三、陈浩川、张秋菊、李春梅、张继才、郭兰、刘家俊、佘双好和蒋国琴。若将高职院校和民办本科院校的教师除开，加上前面已作介绍的2013年度影响力标兵人物佘双好和2015年度影响力人物刘家俊，这里着重介绍杨一平、徐方平、李腊生、康凤云、李春梅、张继才、郭兰、程安辉和罗骋9位教师的先进事迹。

1. 杨一平①

杨一平，女，1954年生，中共党员，华中科技大学马克思主义学院副教授。十几年来，在身体状况不尽如人意的情况下，杨一平老师每年都承担了超负荷的工作量，她的“思想道德修养与法

① 湖北省十佳思政课教师——杨一平，湖北高校思政网，2015年09月20日。

律基础”课、“职业生涯规划”课，在华中科技大学绝对是无人与之匹敌，被学生们一致认为是华中科技大学的特色课程。

多年来，她坚持深入学习、研究心理学的相关理论并广泛涉猎相关学科知识，其先进的教学方式、深厚的理论功底以及课堂教学的强烈现实针对性，已使广大的华中科技大学学生获益匪浅。在每年由教务处组织的学生无记名对教师的考核成绩中，杨一平老师的排名始终居于全校教师的前列。由于杨老师多年对教育事业的热爱和无私的奉献，学校乃至社会都给予了她高度的认可，她在教育战线上屡获硕果。

她是走进学生内心世界、深受学生爱戴的心理辅导师。自从干起学生工作这一行，她就把与学生沟通、帮学生解开心结作为自己的重要使命之一。每周都会有一个下午，在大学生活动中心的咨询室里，与前来咨询的学子娓娓而谈。她在学生寝室设立信箱，通过信件用心与学生交流。在兼任大学生发展指导中心咨询教师后，她一直是中心骨干。杨一平不必再像以前那样事必躬亲，但每周一个下午、两个时段的咨询时间仍然雷打不动，从 1994 年到现在基本上从未中断。许多学生经她辅导后，走出困惑，重拾自信。

她是让学生终身受益的生涯规划指导师。她在湖北高校中首开生涯发展辅导课，为了上好这门课，大量阅读美国和我国香港、台湾地区出版的书籍进行研究学习，并花了整整一学期的时间来设计如何讲授这门课。该课主要是通过各种互动的方式，引导学生发现自己的兴趣和专长，知道自己适合做什么，可能做什么，从而规划好自己的人生，合理安排好大学生活。

她是让学生真懂真信的思政课教师。她力求将课讲得有营养，让学生真懂，真信。她从学生需要的角度来考虑授课的内容，针对不同的专业而准备不同的内容。而且，每个学年，根据不同专业、不同年级、不同类型学生的不同状况对课程进行有针对性地调整。在课堂上，她非常注意向学生传授做人的道理，把价值观的教育和引导不着痕迹地揉到学生的生活中去，使他们感受到思政课是有营养的，使他们把功利性需求真正转化为自我成长性需求，做到真懂、真信。每一堂课都认真准备，精心设计，力求理论联系实际。

在讲授过程中，她旁征博引，留给学生广阔的思维空间，着力培养学生的创新品质，力求达到“授之以渔”的教学目的。独特有效的教学艺术，使杨老师的课堂教学如行云流水，举例信手拈来，恰如其分，总结精辟独到，一针见血。因此她的课深受学生欢迎，也使很多学生从中受益。

她是颇具人格魅力的硕士生导师。作为马克思主义学院硕士研究生导师，杨一平坚持正人先正己。无论面临怎样的困难和苦恼，她总是将最积极乐观，最阳光的一面展示给学生。从头发、衣着到站姿，从课堂严肃的知识讲授到课后的闲聊，杨老师都始终亲切有礼、朴实无华，始终注意向学生展示乐观向上、求真务实、为人师表的教师形象。她认真地对待学生提出的每一个问题。她的课堂，不仅有精彩绝伦的演讲，更有给人以启迪的辅导。从教三十余年，杨一平牺牲了大量的业余时间参加各种公益活动，为全校学生举办专题讲座、人文讲座，指导学校各种各样的学生社团，通过这些形式向学生传授知识，培养学生健康的心志和健全的人格。从事心理咨询工作三十年，被杨老师治愈的有心理障碍的学生很多，无论是学生或学生的家长都对她充满了感激之情。

她就是这样用她的辛苦、汗水和心血绘出爱心音符、演奏人生乐章。从20世纪80年代走上教师岗位以来，杨一平无怨无悔地将传授知识、开启心智、塑造人格作为自己终身的职业信条，日积月累的细心辅导和无私奉献，换来杨一平今天的桃李满天下。

2. 徐方平①

徐方平，男，1964年生，中共党员，史学博士，湖北大学马克思主义学院院长，教授，博士生导师；兼任湖北省董必武思想研究会理事、副秘书长，湖北省中共党史学会和人物研究会常务理事，湖北省高校马克思主义理论教育研究会理事、副秘书长等。

他通读红书，讲授党课。先后阅读了《马克思恩格斯选集》

---

① 湖北省十佳思政课教师——徐方平，湖北高校思政网，2015年09月20日。

《列宁选集》《毛泽东选集》等经典原著，认真学习了《中国共产党历史》《毛泽东传》《为邓小平辩护》《江泽民文选》和中共十七大报告等数百本中共党史党建书籍，坚持四项基本原则的信念更加坚定。此外，他积极参加各种形式的政治学习，努力提高马克思主义、毛泽东思想和中国特色社会主义理论水平。徐方平是真正做到了孔子所说的“学而不厌”。作为教师，他发挥专业优势，为大学生讲授党课100多次。听过他的党课的学生，无不为他渊博的学识、新锐的观点以及慷慨激昂的演讲所折服。他还积极在社会上宣讲党的路线、方针和政策，利用各种途径进行马克思主义传播工作，收到了良好的效果。

他热爱教学工作，教学成绩显著。他承担了“毛泽东思想、邓小平理论和‘三个代表’重要思想概论”、“中国近现代史纲要”两门公共政治理论课，同时承担了中共党史专业课和研究生学位课的教学任务，每年平均工作量达400个课时左右。他主持省级教研项目1项，校级教研项目2项，多次被评为教学优秀，1次获得“最受学生欢迎的教师”称号，2008年，中共党史教学课件被评为“最受学生欢迎的课件”。他主持省级精品课程《毛泽东思想、邓小平理论和“三个代表”重要思想概论》；还牵头组织全体思想政治理论课教师出版了教改论文集《五位一体思想政治理论课教育教学模式研究》(湖北人民出版社2008年版，第一主编)，并以该成果为核心，申报获得了校级优秀教学成果一等奖。

他关爱学生，经常主动关心学生的思想、学习和生活状况，帮助他们不断进步，取得了很好的效果。例如，2008届毕业生李中伟同学因为心理健康因素导致学分不满，一度休学、退学。该生复学后，在徐方平和学校有关部门的耐心帮助下，顺利毕业。此外，他给贫困学生捐款。

他积极开展科学研究工作，科研成果突出。成功申报了国家、省部级科研项目3项；出版专著2部；在《中共党史研究》《光明日报》《中国教育报》《马克思主义与现实》《学校党建与思想教育》等刊物上发表论文40多篇，曾获武汉市社会科学优秀成果奖。

此外，他狠抓教学改革，积极开展教研活动，亲自讲授公开课。积极推动课程建设和学科建设，为省级精品课程的立项和马克思主义理论一级学科博士点的成功申报付出了很大努力。

他的无私奉献精神在校外也得到了延伸。参加过学校组织的赴湖北兴山“博士三下乡”的服务社会活动；曾担纲在湖北大学举办了“湖北省第八次中共党史党建学位点建设年会”，为培养相关学科的研究生提供了有利的学术平台，为繁荣我省哲学社会科学作出了贡献。

3. 李腊生①

李腊生，男，1963年12月生，湖北仙桃人，江汉大学马克思主义学院院长，法学博士，教授，硕士生导师。兼任湖北省政协委员、民盟武汉市委副主委、中国伦理学会地方高校德育专业委员会副会长兼秘书长、湖北省政治学会副会长、湖北省高校马克思主义理论教育研究会常务理事、武汉市中共党史学会副会长。曾被评为武汉市新长征突击手、武汉市优秀大学毕业生、武汉市优秀青年教师，两度被评为“市政府专项津贴”享受者，入选武汉市首批“213”人才工程、武汉市首批黄鹤英才（专项）计划、湖北省高校首批马克思主义中青年理论家培育计划，先后获武汉五一劳动奖章、湖北五一劳动奖章。

李腊生教授是江汉大学首批教学名师。他爱岗敬业，视教学质量如生命。他放弃从政和调到热门专业担任专业课教师的机会，全身心地投入思想政治理论课的教学工作。为了向学生传授最新的知识，避免“炒现饭”“吃老本”，他十分注重教学内容的更新。为此，他博览群书，阅读大量专业文献资料，还多年坚持订阅《文摘报》《大家文摘》《环球时报》等时事性报刊；每天了解国内外重要新闻，将有关信息和资料及时运用到课堂上。坚持每学年重新写一次讲义，不断充实、完善教案。2010年，编写的“中国近现

① 湖北省十佳思政课教师——李腊生，湖北高校思政网，2015年07月03日。

代史纲要”教案获湖北省高校思想政治理论课“精彩教案”二等奖。重视课件质量，充分发挥自己的摄影和美术特长，制作精美课件。他的课件简明扼要，层次清晰，图文并茂，视频运用恰到好处，曾获江汉大学第一、二届多媒体课件比赛二等奖。主讲的“中国近现代史纲要”教学效果优秀，深受学生欢迎。学生一致认为，他“知识面宽，虽然讲的是近现代史，却极具现实感”。负责的该课程先后被评为省级精品课和湖北省精品资源共享课；领导的思想政治理论课教学团队，2008 年被评为江汉大学优秀教学团队。

他不断探索教学方法的改革，灵活采用启发式、问题式、案例式、互动式等诸多教学方法，使课堂活跃而又有序；经常对学生进行思想道德方面的小测验或问卷调查，了解学生思想上的疑问，以增强教学的针对性和实效性。大胆尝试“123”考试方式改革。“123”考试方式是指学生在一门课程学习过程中，撰写 1 篇高质量论文、提出 2 个合理化教学建议或正确回答 3 个课堂问题即可免期末考试，总成绩为 85 分以上。三种免试方式均有非常具体的条件和要求。经试点，该考试方式产生了很好的效果。

他重视教学研究，先后主持了省市级教研课题近 10 项，主编教研著作 4 部，发表教研论文多篇，曾获江汉大学优秀教学成果奖一等奖；2 次获武汉市市属高校优秀教学成果二等奖。

作为院长和学院思想政治理论课教学改革领导小组组长，他在学院大力倡导教学改革，在学校率先建立起听课评课制度，这一制度对提高全院教师教学水平，起到了良好的促进作用。在他的倡导下，学院思想政治理论课教师以教研室为单位，分别到武汉大学、华中师范大学、湖北大学等高校对应课堂听课，了解学生听课状况，与同行面对面地进行交流。还极力推动学院先后开展了评选优秀教案、先进教研室、师德师风模范等活动，以及青年教师讲课比赛等教学竞赛活动。并亲自起草了有关听课评课、教学奖励、青年教师导师制、先进教研室评选等一系列教学规章制度，为学院的教学改革提供了有力的制度保证。他先后指导多名青年教师的教学，取得了比较显著的成效。此外，他积极推动学科建设，以他为带头人的马克思主义理论学科，2003 年被江汉大学评为重点学科。

他主要从事中共党史、中国现代化进程、马克思主义中国化和思想政治教育方面的研究，先后在《光明日报》《中共党史研究》《当代中国史研究》《中国特色社会主义研究》等报纸期刊上发表学术论文100余篇；主持省市级以上课题近20项，出版学术著作8部。他的多项科研成果获得市级以上奖励。2001年破格晋升为教授，成为江汉大学破格晋升职称第一人。他被中南财经政法大学聘为兼职教授和硕士研究生导师，已联合培养10多名硕士研究生。

4. 康凤云①

康凤云，女，1966年生，中共党员，现任武汉纺织大学马克思主义学院教授、硕士生导师，获“湖北五一劳动奖章”。

康凤云教授不断改进教学方法，优化教学成果。她本着“以学生为本”的教学理念，灵活使用启发式、情景式、互动式等多种教学方法，特别是亲验教学法、情境教学法等得到同行专家的高度肯定，受到历届学生的普遍欢迎。课堂上，注重师生互动环节，留意学生的情绪变化，努力调动学生的学习积极性；紧密结合学生的生活与学习，针对不同专业的学生设计不同的问题，力求使课堂教学做到贴近实际、贴近生活、贴近学生。

她教学态度端正，到处查阅资料，不断补充教学内容、更新知识点；认真选裁，仔细设计每个教学环节。对待每一堂课从不马虎，十分重视“第一”，即第一节课、第一次课堂讨论、第一次课外教学实践、第一次学生作业等。教学中注意突出要点和重点，做好阶段性小结，加强教学的引导性，并培养学生的学习兴趣。认真钻研教材，吃透教学内容，合理组织教学语言，丰富教学手段，重视培养学生分析问题和解决问题的能力。

在教学实践中，她注重把教书与育人结合起来，用爱心去感化学生，对学生不仅有着慈母般的温柔，还有严父般的教导。她对学

---

① 湖北省十佳思政课教师——康凤云，湖北高校思政网，2015年07月03日。

生的论文写作要求很严格，总是要求学生反复修改，直到自己感觉满意为止。在担负传道授业解惑的责任的同时，她真心和学生们交朋友。因此，曾赢得了学校师德师风标兵的称号。

作为一名党员教师，康教授有很强的政治意识和大局意识。她认为，看一名教师是不是忠诚于人民的教育事业，关键看她对于社会上错误言行的态度如何，看她对于学生呵护的真诚度如何。她认真参加党的一切活动，积极参加党支部组织的献爱心募捐活动，结合教学经常性地做学生的思想政治工作，鼓励学生向党组织靠拢。在日常言行中，她以党员先进性要求自己，激励自己。她认为，党员不只是一种称号，而是一种要求，一种人生态度和工作状态，因此，她把党员标准贯穿在自己的生活和工作中，运用党员标准激励自己不断进步。

除了自身的发展和进步，康教授还十分重视教学团队建设和帮助青年教师成长。康教授通过自己的以身作则和率先垂范，树立起共同的团队目标，营造了积极合作的团队文化。2009 年 4 月，她所主持申报的毛泽东思想和中国特色社会主义理论体系概论课程教学团队被评为校级教学团队。

关爱青年教师，加强对青年教师的指导和培养，是康凤云教授始终挂在心上的大事。作为一名年长教师，康老师像一位老大姐那样亲切，她经常不厌其烦地指导青年教师撰写规范、完整的教案，向他们传授课堂管理经验；并在教学方法、教学内容，出卷阅卷、科研工作等诸多方面提供耐心的指导，同他们建立了和谐亲密的同事关系。

为了不使自己的教学沦为说教，为了对国家的教育事业和学生的思想成长负责，康教授利用业余时间，认真学习马克思列宁主义、毛泽东思想、邓小平理论、“三个代表”重要思想和科学发展观的基本理论，并且积极开展相关的理论研究。迄今为止，康教授在《社会主义研究》《当代世界社会主义论丛》等权威和核心刊物发表论文几十篇，多篇论文被人大复印资料和《中国社会科学文摘》转载。

5. 李春梅①

李春梅，女，汉族，1963年生，湖北武汉人，中共党员，法学硕士，湖北工业大学教授，硕士研究生导师。

在多年的教学生涯中，她践行以生为本的理念，以人格力量影响学生。她坚定对马克思主义的信仰，对社会主义的信念，对党和政府的信任，在课堂上理直气壮地讲授，真情实感地分析，讲深讲透理论难点，并把信仰传递给学生。她严于律已，专心备课，每学期都更新PPT和教案，认真批改小论文、调查报告和读书笔记，并进行评讲，让学生感受到老师在教学的各个环节都是认真负责的。对学生真诚以待，力所能及地关心他们，为他们提供自藏的图书，自买奖品奖励参与课堂教学活动的学生，运用QQ、E&shy、mail、班级博客、课堂QQ群与学生们沟通交流，有针对性地引导他们树立正确的世界观、人生观和价值观。

她把教学与科研有机结合起来，先后主持的省级纵向科研项目达17项，参与省部级纵向科研项目40余项；在《广西社会科学》《社会主义论丛》《青少年导刊》等刊物、人大复印资料上发表、转载论文66篇。撰写的调研论文《当代大学生社会主义核心价值观培育研究——以湖北地方高校为例》和《当代大学生网络生活状况调查与思考——以湖北地方高校为例》得到省委领导的批示，在社会上引起一定的反响。孜孜以求的科研探索为李春梅坚定自己的信念奠定了基础，并丰富、深化了教学内容。

她凝聚团队进行学科建设，对青年教师的成长给予无私的帮助。在她和同仁们的努力下，2008年，她担任课程负责人的“马克思主义基本原理概论”被评为省级精品课程，2013年，马克思主义理论一级学科入选学校重点建设学科。

李春梅一直致力于教学改革，不拘陈规，勇于探索，结合当代大学生的特点，构建了“五个一”——读一本书，写一篇调查

① 湖北省十佳思政课教师——李春梅，湖北高校思政网，2015年12月17日。

报告，做一个课件，讲一次课，办一次辩论赛——的课堂实践教学模式。后来又将思政课与网络结合起来，将“五个一”课堂实践教学模式拓展为“五个一”网络实践教学模式——制作一个班级博客，开展一次网络热点问题讨论，撰写一份网络社会实践报告，组织一次网络公益活动，编写一期网络舆情分析简报。由此，构建了网上网下、台上台下、课内课外、校内校外、超越时空、高低衔接的“以课内实践为主，课外实践为辅，网络实践为补”的立体化实践教学新模式。这两种教学模式有效地提高了教学效果，也提高了学生动脑、动口、动手的能力及辨别是非、分析问题的能力，增强了他们的团队意识和集体荣誉感，受到学生们的普遍认可。

伴随以互联网、智能手机为代表的新媒体的迅猛发展，李春梅又将交互式教学理念引进课堂，建立了课堂QQ群，进一步深化“五个一”网络实践教学的内容和形式。课堂QQ群这种交互式教学尊重了学生的主体地位，强调师生间的平等互动，有利于实现知识共享、情感共生、思想共鸣、意义共建，有利于学生的精神成人和实践品质的培养。

总之，李春梅用人格的力量、知识的力量、艺术的力量润泽学生，让学生们在潜移默化中接受教育，取得了良好的教学效果。她也因此入选湖北工业大学首届“最受学生欢迎的教师”，被评为“教书育人先进个人”，3次获得“十佳”教学质量奖（其中两次一等奖），主持的研究项目获湖北省优秀教学成果二等奖、湖北省优秀社科成果二等奖、湖北省高校优秀教学课件三等奖、湖北省优秀决策建议奖、湖北省宣传思想文化工作优秀调研报告奖、“第三届湖北青年学者论坛”、第七届“荆楚学术前沿论坛”优秀成果三等奖、湖北工业大学优秀教学成果特等奖、一等奖、二等奖等多项奖励。2012年，荣获湖北省“女职工建功立业标兵”，2013年，又荣膺湖北省“高校十佳思想政治理论课教师”，被授予“湖北五一劳动奖章”。

6. 张继才①

张继才，男，1963年生，中共党员，历史学博士，武汉科技大学文法与经济学院教授、硕士生导师、学院党委书记、党校教员、武汉科技大学“时事讲堂”讲师、湖北省委讲师团成员，湖北省董必武研究会理事，湖北高校研究生思想政治教育研究会理事。

张继才勤思好学，注重业务素质的提升，特别善于学习，积极参加各种培训、各种研讨会，还经常利用寒暑假，赴外地查阅资料，向各地专家学者求教，不断丰富自己的知识储备。并热衷于寻找历史的足迹，以自己独到的眼光拍摄大量的纪实照片和短片，大大丰富了教学素材。

他主讲的“中国近现代史纲要”深受学生欢迎，一方面源于他对教学内容的的熟稔，对中国历史的了如指掌；另一方面源于他注重设计教学兴奋点，制造亮点和热点，并重视调动学生的学习积极性和主动性。

他积极探索思政课的教学改革，依托学校、学院，组织思政课教师开展教育教学方法的理论研究，推动实践教学的改进和发展，促成学校在辛亥革命博物馆建立了湖北省高校第一个实践教学基地，带领学生前往参观，还多次亲自给学生现场讲解。

讲台下潜心科研，围绕教学内容进行科学研究，以科研促教学。出版了专著1部，在《华中师范大学学报》《湖北社会科学》《学习与实践》《辛亥革命研究动态》《北京日报》等报刊发表学术论文或文章多篇。《“革命通”冯自由其人其书》和《辛亥革命时期的武科大》等论文被人民网、凤凰网等媒体全文转载60余次。

作为党龄比工龄还长的“老”共产党员，发挥党员的先锋模范作用，把教书与育人结合起来，在学生教育、青年教师培养、社

① 湖北省十佳思政课教师——张继才，湖北高校思政网，2015年12月17日。

会服务等方面都作出了表率。他关心爱护学生，指导他们成长成才，是学生心目中的“红色导师”。发挥自己的学术、理论优势，为学生第二课堂、学校宣传思想文化工作提供服务。与学校党委宣传部共同策划，开设了武汉科技大学“时事讲堂”。积极参与党的理论的宣讲，服务社会。作为湖北省委讲师团宣讲员，宣讲十七届六中全会精神、十八大精神，广受好评。

7. 郭兰①

郭兰，女，1958年生，中共党员，中国地质大学（武汉）马克思主义学院应用心理学研究所教授，硕士生导师，中国心理卫生协会大学生心理咨询专业委员会委员、湖北省心理卫生协会常务理事、湖北省心理健康教育与咨询研究会常务理事。

主要承担本科生的“大学生思想品德修养与法律基础”“心理学与自我成长”“形势与政策”等课程的教学，及研究生的“青年心理学”“心理健康教育与心理咨询”“创伤心理学”等心理学专业课和公共选修课程的讲授。她了解学生的所思所想，提炼、浓缩教学内容，精心设计教学环节，注重案例教学、启发式教学、互动式教学、讨论式教学等多种多样的教学方式；及时与学生沟通，特别是针对学生心理特点和大学生活中的困惑和压力，进行正面疏导，故教学效果不仅深受学生和同行的好评，并且得到了省教学督导员的较高评价。2004年，在担任学校应用心理学研究所所长后，积极承担心理健康教育与心理咨询、心理工作坊、主题班会和讲座等活动。2002年和2008年，两次获得中国地质大学（武汉）“最受学生欢迎的老师”的殊荣。2005年，获得校“三育人标兵”的奖励。2009年，获得了“学校优秀共产党员”“学校首届师德师风道德模范”的光荣称号。

作为学校心理咨询和心理健康教育的创始人，郭兰奉献出了大量的时间和爱心，用专业知识和真诚爱心帮助许多学生走出了心理

① 湖北省十佳思政课教师——郭兰，湖北高校思政网，2015年12月17日。

阴影，将几百名处于危机中的学生从绝望和彷徨之中挽救了回来，重新书写生命的篇章。只要有学生求助和有异常情况，她都会主动进行心理咨询和危机干预。因工作成绩显著，在省内外同行中享有较高的声誉，为省内十几所高校师生进行讲座培训，被湖北省青少年心理健康教育中心聘请为专家委员会委员。2010 年，被湖北省心理健康教育与咨询研究会授予“心理健康教育工作突出贡献奖”。

她为中国地质大学（武汉）的学科建设作出了突出贡献。整合学校现有的学科优势和学术力量，开创性地设立了国内首个“事故与灾害心理创伤干预”研究方向，使学校申报的“应用心理学”硕士点成功获批。作为应用心理学研究所的所长和学科带头人，她积极吸纳社会优势教学资源培养研究生，先后聘请了国家安全生产监督管理局、华中科技大学、武汉理工大学、北京回龙观医院、武汉市精神卫生中心、武汉心理医院等单位的 20 多位权威专家为兼职教授和导师，开辟了校内理论教学与校外社会实践、学校与社会相结合的研究生培养模式，这在一定程度上弥补了单纯的学校教育培养与社会需求脱节的不足，也为学生的就业创造了更多的机会。为了增强学生的服务意识和实践能力，郭兰充分利用校内校外两种途径训练学生。在校外，建立了华中科技大学梨园医院、武汉市精神卫生中心、武汉心理医院等 8 个研究生实习基地，供学生进行专业实习与训练；在校内，积极组织研究生参与学校大学生咨询中心的心理普查访谈、心理咨询、团体心理训练和专题讲座等活动，这既让研究生将所学知识服务于社会和学生，又用学校和社会的实践平台培养锻炼了研究生。几年来，应用心理学研究所培养的研究生深受用人单位欢迎，就业率达到 100%。2006 年，郭兰被评为学校“优秀研究生指导老师”，2010 年，她又荣获学校“研究生的良师益友”的光荣称号。在她的积极推动之下，研究所还与清华大学、华中师范大学、西南大学、香港城市大学等单位建立了合作关系，为学科的良性发展奠定了坚实的基础。

此外，她在科研上也取得了较为丰硕的成果。撰写并发表了 40 余篇论文；策划主编了教材《心灵之光——大学生成人、成才、成功的心理保障》和《心理创伤：评估诊断与治疗干预》，申报主持并完成了多项省级课题，所涉及的课题都是国内同行中少有人问津的前瞻性研究领域。其课题研究的成果为大学生思想政治教育和心理健康教育工作提供了理论支持和实践手段。

8. 程安辉①

程安辉，男，1951 年生，中共党员，历史学硕士，湖北警官学院思政课部教授。

他一直默默地坚守在思想政治理论课教学岗位上，先后多次放弃了调到省直机关工作的机会，抵制了下海经商的诱惑，信念坚定，不离不弃，始终把"培养合格的预备警官"当作座右铭，辛勤耕耘，呕心沥血，无私奉献。

他服务政治建警，执著耕耘公安思想教育大讲台。他全面系统地研究怎样运用邓小平理论解决公安工作中的实际问题，其理论成果《邓小平理论与公安工作概论》获湖北省高校马克思主义教育科研成果一等奖，作为全省乃至全国公安系统学习邓小平理论的辅助教材广泛发行使用，收到了十分好的效果。他把政治理论教育与公安文化教育有机结合起来，进行公安文化建设研究，并率先在公安院校开设警察文化课。该课程受到学生的热烈欢迎和好评，也受到干训班学员的充分肯定。其研究成果《公安文化建设概论》被全国公安院校作为"警察文化"课教材广泛使用，并被评为湖北省高校马克思主义教育科研成果一等奖。

他始终把思想政治理论课教学和科研同公安警务实践有机结合起来，为公安政治建警服务，为公安警务实战服务，使思想政治理论课教学贴近实际，务求实用。在充分调研的基础上，提出了"民警下派驻村"理念，此举在全国属于首创。撰写的《建立民警驻防制度，解决警务盲区——从小池派出所创建民警驻村制度得到的启示》获得优秀论文一等奖。提出的民警驻防制度引起了公安

① 湖北省十佳思政课教师——程安辉，湖北高校思政网，2015 年 07 月 03 日。

部领导的高度关注，为公安部关于公安工作改革提供了重要的参考。此外，他从社会治安综合治理的角度，全面系统地研究了流动人口犯罪的成因、主因，该成果被省政法委综合治理办公室指定为指导读物下发到各县市综治办以供学习，并被评为省马克思主义教育科研成果一等奖，为各级政府和公安机关做好流动人口的综合治理工作，提供了重要的参考意见。他撰写了《警察廉政概论》，全面系统地研究了警察廉政方面的政治理论、法律法规、思想教育、制度保障、防范措施等问题，并将此概论作为一门必修课在学院公安专业全面开设，为从源头上抓好警察的廉政建设开辟了新的教育途径。

他创新思政课建设，探索公安思想政治教育新模式。作为思政课部主任，他始终把思政课建设放在首位。他认为，要落实中央提出的“三进”要求，首先须解决教师的“真信，真懂，真教”的“三真”问题。为此，制定了由情感渗透法、学术渗透法和教法渗透法组成的三步法，以坚定教师的理想信念，坚定对思想政治理论课的信心；进一步解决教师对马克思主义、毛泽东思想和中国特色社会主义理论体系真懂的问题；提高教师的教学水平，增强课堂的实效性、吸引力和感召力。

他摸索出一套行之有效的教学管理方法。通过学典型，树榜样，解决教师爱岗敬业问题。通过访老区，学传统，解决教师的信仰问题。通过到前沿，搞调研，解决教师的思想解放问题。通过结对子，老带新，解决青年教师的教学能力问题，打造思政课部团队实力。积极探索教学改革，创新了“五统一两创新”的教学管理模式，即统一教材、统一教案、统一大纲、统一重难点、统一课件，创新教学风格、创新教学方法，既确保了教学质量；又兼顾了教师学识水平的发展。

他重视思政课教学实践活动，在校党委的大力支持下，创造性地提出了以铸造忠诚警魂为核心价值观的“四位一体”的思政课实践教学基地建设方案。“革命传统教育基地”、“现代化教育基地”和“警务实践调研基地”等的建立，大大调动了学生学习思政课的积极性，提高了思政课教学的吸引力和感召力，受到省教育厅领导和督导专家的高度评价，省高校马克思主义教育研究会发表专题简报向全省高校推广经验。

他强调以科研促教学，承担了1个国家级重点科研项目，2个专题任务项目，3个省级重点项目，并带领思政课部的老师参与这些项目的研究。

他爱生如子，培育公安政法后备人才。先后拿出了十多万元资助了23名贫困学生顺利完成了学业并就业。

9. 罗骋①

罗骋，男，1972年生，中共党员，法学硕士，湖北经济学院马克思主义学院副教授。无论他讲授“思想道德修养与法律基础”、“马克思主义哲学”、“马克思主义原理概论”、“当代世界经济与政治”还是“政治学”等课程，他的课堂上总是座无虚席，除了本班学生，还挤满了外班、外系甚至是外校的旁听生，而他开设的讲座、选修课，有200个座位的大教室不仅满座，有时候甚至连教室过道上、教室后面都站着前来听课的学生。

罗老师的课堂之所以充满魔力，备受学生欢迎，主要得益于他善于学习，艺学名师，勤于研究。他花费大量时间和心血，搜集多方面素材，精心设计教学环节和课程结构，认真准备教案。深入武汉大学课堂，偷师学艺三年，旁听武大博导戴德铮教授、丁俊萍教授、梅荣政教授和赵林教授等名师的课程，从中获益匪浅。从不放过任何一个学习的机会，自费两万多元，进入清华大学在湖北办的MBA班学习。甚至花1200元买一个位置，听有“京城四大才子”之称的魏杰到武汉剧院讲授一堂经济学课。不断购买政治理论书籍，以最快的速度消化和吸收，以便及时领会和传播党的最新理论、党的每一次重要会议、领导人的每一次重要讲话及中央发布的每一个重要文件。

善于运用典型案例，是他教学的重要特色。他规定自己每天必

① 湖北省十佳思政课教师——罗骋，湖北高校思政网，2015年07月03日。

须找出一个典型案例，形成自己的案例资料库。通过订阅《中国青年》、《环球时报》、《参考消息》等报章杂志，积累了几千条的案例。还经常在光明网、人民网、新华网等网站上查阅和搜集相关资料，以保证案例的时效性和权威性，并及时将之运用于课堂教学中。如2008年4月21日，巴黎市长德拉诺埃在巴黎市议会的同意下，授予了达赖荣誉市民称号。当天下午的课堂，他即以《理性看待中法近期摩擦》为题，及时结合党的十七大确立的外交发展的相关理论和自己的解读，向学生展开论述。

改革教学内容、改进教学方法，是罗骋教学追求中的永恒主题。教学内容贴近学生实际，贴近社会生活；教学方法多样。他大胆尝试开放式的教学，除了案例教学，还采用了电化教学、情景模拟、专题讨论、专家报告、组织咨询等多种寓教于乐的教学方法，有效地增强了学生的学习兴趣。他的课不是空洞的简单的说教，不是单向性的灌输，而是力求哲理性和艺术性的统一。而且注重教学互动，鼓励学生积极发言，对他们的观点进行正确的引导，犹如春风化雨，灌溉学生的心田。因此，他的课广受好评。在学生看来，听他上课，实在是一种精神享受。在他的影响下，很多学生对党的理论产生了浓厚兴趣，并纷纷递交了入党申请书。

他注重利用各种机会，宣讲和传播党的思想理论。在新生座谈会上、入党积极分子党课培训上、各级团组织的团课培训上、马克思主义理论研究沙龙上以及学校三下乡活动中，他都结合实际，宣讲党的理论的最新成果。并应邀到校外单位讲课。

作为一名教师，罗骋的权威不仅来自于知识和学问，更来自于人格魅力。他和同事相处得非常融洽，经常和同事一起讨论问题。做学生的良师益友，即使是在深更半夜接到学生的求教电话，也会不厌其烦地和他们探讨问题。他热情耐心、细致周到的作风给学生留下了极为深刻的印象。一些学生毕业后给他写信，称他为“哥哥一样的老师”。

教书育人的显著成绩让他多次受到学校以及省里的褒扬。2000年以来，他每年获得湖北经济学院和湖北经济学院法商学院的优秀教学质量奖。与此同时，2005年，他还应邀在省教育厅组织的两课教师师资培训课上讲授了公开示范课。2006 年，他被评为湖北省高校先进思想政治工作者。2008 年，被评为湖北经济学院思想政治先进个人。2009 年，荣获湖北经济学院首届“我最喜爱的十佳经院教师”称号，并被评为湖北省高校思想政治工作先进个人和湖北省师德先进个人。2010 年，他荣获湖北经济学院首届“教学名师”称号。

总之，十佳思政课教师都较好地完成了思想政治教育工作的各项任务，他们德艺双馨，善于学习探索，教学效果优良，科研成果突出，致力于解决思想政治教育课程教学、日常管理和服务等方面的实际问题，求真务实，开拓创新，关爱学生，为人才培养和高教改革发展稳定做出了积极贡献。

此外，武汉地区高校思政课优质队伍资源还包括湖北省高校马克思主义中青年理论家培育计划入选者。在省教育厅的组织下，目前已评选了三批“湖北省高等学校马克思主义中青年理论家培育计划”，旨在培育一批扎根实践、勇于创新、治学严谨、教书育人的高等学校马克思主义理论家特别是中青年理论家，造就一批具有国际国内学术影响力的名家大家，引领和带动湖北省高等学校哲学社会科学创新发展。其中一些中青年理论家也获得了其他殊荣。如，入选 2014 年度第一批中青年理论家的朱喆教授是省级教学名师，并列入 2014 年度影响力人物名单。同批当选的中青年理论家李腊生教授被评为 2009—2010 年度的湖北省十佳思政课教师。入选 2015 年度第二批中青年理论家的王智教授于 2013 获得了全国高校思想政治理论课年度影响力人物的荣誉。由于中青年理论家的评选主要侧重于学术上的成就，在此不做过多介绍。

以上教学名师、全国思政课年度影响力人物和湖北省高校十佳思政课教师，都是政治坚定、业务精湛，师德高尚的先进典型。他们是马克思主义理论和党的路线、方针、政策的宣讲者，是社会主义核心价值体系的传播者，是提高思政课教育教学质量，促进马克思主义理论学科建设的重要保证，是学校培养人才上水平、上质量，提升大学生思想政治素质，促进大学生全面发展，培养中国特色社会主义事业的合格建设者和可靠接班人的重要因素。

二、武汉地区高校思政课优质课程资源

精品课程是高校思政课优质教学资源的重要组成部分。2003年4月，教育部发布《关于启动高等学校教学质量与教学改革工程精品课程建设工作的通知》，标志着我国正式启动高等学校教学质量与教学改革工程精品课程建设工作，旨在建立高校各门类、专业的校、省、国家三级精品课程体系。2011年，教育部制定《教育信息化十年发展规划（2011—2020年）》，提出教育信息化目标定位于“基本建成人人可享有优质教育资源的信息化学习环境”，规定高等教育发展的任务是“加快对课程和专业的数字化改造，创新信息化教学与学习方式，提升个性化互动教学水平，推动最新科研成果转化为优质教育教学资源，推动学科工具和平台的广泛应用，培养学生自主学习、自主管理、自主服务的意识与能力”。

湖北省从2003年开始评选省级精品课程，2012年改为评选精品资源共享课程。为了整体提升我省高等教育质量，促进全省高等学校优质教育教学资源的共建共享，提升高等教育整体水平和服务能力，湖北省教育厅自2009年起，依托湖北省教育信息化发展中心对全省高校2003—2010年995门国家级、省级精品课程进行了分类收集、整理。

到2016年为止，武汉地区高校思政课已有20门精品课程（精品资源共享课程）。其中，“概论”课9门、“原理”课5门、“纲要”课3门、“基础”课3门，国家级5门。“形势”课因其特殊性，各高校还没有精品课程。被评为国家级精品资源共享课程的有5门，分别是：武汉大学的“马克思主义基本原理概论”、“毛泽东思想和中国特色社会主义理论体系概论”、“中国近现代史纲要”、华中师范大学的“中国近现代史纲要”、武汉理工大学的“毛泽东思想和中国特色社会主义理论体系概论”。被评为省级精品资源共享课程的有15门，分别是：武汉大学、华中科技大学的“思想道德修养和法律基础”、武汉理工大学的“马克思主义基本原理概论”、华中农业大学和中南民族大学的“马克思主义基本原

理概论”、“毛泽东思想和中国特色社会主义理论体系概论”、湖北大学的“毛泽东思想和中国特色社会主义理论体系概论”、“思想道德修养和法律基础”、江汉大学的“中国近现代史纲要”、湖北工业大学的“马克思主义基本原理概论”、武汉工程大学、武汉轻工大学、湖北警官学院、湖北第二师范学院的“毛泽东思想和中国特色社会主义理论体系概论”。

武汉地区获批的20门次思想政治理论精品资源共享课，普遍具有以下三个特点：

一是将马克思主义中国化的最新理论成果和党的最新方针、政策的“三进”作为思想政治理论课程建设的中心工作，并切实落实到在线课堂教学过程中，及时调整和更新教学内容，充分发挥高校思想政治教育的主渠道作用。

二是正确处理好思想政治教育单门课程建设与系列课程改革的关系，4门思想政治理论课程整体建设、整体推进，在课程内容设计与教学内容组织上特别注意4门课程间的相互衔接与呼应，避免重复，使4门课程形成为一个有机的整体。

三是教学内容先进，及时反映本学科领域的最新科技成果，同时，广泛吸收先进的教学经验，积极整合优秀教改成果，体现新时期社会、政治、经济、科技的发展对人才培养提出的新要求。五门国家级精品资源共享课，由原来的国家精品课程转化升级而来，始终按照原国家精品课程建设工作要求，持续更新和完善课程教学资源，及时反映高等教育教学改革和社会、科技发展成果，课程质量高，教学效果好，得到广大教师和专家的好评，在同类课程中具有一定的影响力和较强的示范性；充分运用现代信息技术进行课程资源建设和教学方法及教学手段改革，完成了以教师为服务对象到以高校学生与教师为服务对象并兼顾社会学习者的转变；课程资源系统完整，丰富多样，特色鲜明，实用性强，适合网络公开传播共享；课程建设机制科学合理，保证了课程的高效使用和可持续建设与更新。

在精品课程建设方面，武汉大学马克思主义学院遥遥领先。先进的教学内容、优良的教师队伍、优秀的教学手段、优越的办学条件、科学的教学方法，形成了武汉大学思想政治理论课程的鲜明特色。四门精品资源共享课，其教学资源建设均走在国内同类课程前列，并发挥了更好的辐射作用；其课程资源建设颇具特色，内容丰富、形式多样。

宋俭教授主持的《中国近现代史纲要》精品资源共享课程，具有四大特色：一是课程基本资源（包括课程介绍、教学大纲、教学日历、演示文稿、教学录像、教学案例、例题、作业试卷、实训、文献资料、常见问题、教学课件等方面）和拓展资源非常丰富，内容极其翔实。演示文稿清晰明了，重点突出；教学案例丰富多彩，具有典型意义，寓启发性、知识性与爱国教育为一体；例题习题及常见问题具有典型性和普遍性，有很高的实际参考价值；作业试卷满足测试目标的要求，涵盖考察范围内的主要知识点，考察内容的题量和试题难度分布与教学内容结构一致；教学课件制作美观大方充实，基本涵盖课程所有章节知识点。该课程的拓展资源容量极大，包括研究成果库、人物库、事件库、原著导读库、参考文献库、问题解析库、教学设计库等 8 个子库。二是针对性适用性强。结合该课程教学内容多而教学时间较少的突出问题，按照两个了解、四个选择的教学目的，重点解决教学专题的设计与重要教学内容的组织，从而使该课程的教学更具针对性、有效性。同时，无论是基本资源还是拓展资源，在资源的选取和设计上均是从教学需要出发。如教学设计库，每章都为主讲教师提供了多种可供参考的导入模式。视频资源和图片资源都是根据教学内容的需要有针对性选取的，可供任课教师根据各自教学的内容和教学方式直接导入多媒体课件。另外，还提供了大量的教学针对性强的教学参考片。三是有助于学生自主学习。整体设计突出学生自主学习、独立学习的理念。四是操作简单便捷，只需要具备最基本的计算机技术便能对本资源共享课的全部教学资源运用自如。该精品在线课程，不仅深受学生欢迎，而且得到相关专家的高度评价。专家认为，该课程教学内容组织科学，详略得当，注重对命题、论点和疑点的论证，并且善于将理论研究的成果运用于教学之中，既解决了当前所需要面对的现实问题，又在学术上把学生引到理论的前沿；在课程设计上，善于启发诱导，深入浅出，重点突出，针对性较强，密切联系当前思想和实践中的重大问题，重点突出，讲清疑点难点。

丁俊萍教授主持的《毛泽东思想和中国特色社会主义理论体系概论》精品资源共享课程信息量大，资源丰富。该网站提供的教学资源，包括：10 多万字的教学大纲、50 万字的原著导读、14 讲的虚拟课堂教学、100 万字的 14 个专题的理论前沿问题研究资料、20 多万字 的重点难点研究、50 个教学案例、1 万多分钟的影像资料，2000 多道题目的电脑试题和网上考试系统、马恩列斯经典著作选集，中国共产党三代领导人的著作选集和近年来的中央文献。该课程构建了与科学理论体系相适应的课程体系，课程教学内容保持与马克思主义中国化最新理论成果的同步，把党的创新理论、马克思主义中国化最新理论成果、中央文献精神及时有效的融入教学内容中，按照历史的逻辑和理论的逻辑构建起课程的基本框架，加深学生对一脉相承的统一的科学理论体系的理解。同时，引导学生关注我国改革开始和现代化建设的实际，在课堂教学中结合社会现实和学生的思想实际，结合教材有关内容进行分析、讲解，努力做到理论联系实际，使教学内容具有针对性和实效性，立足贴近现实、贴近社会、贴近学生，注重做到五个结合：（1）把全面、正确地理解毛泽东思想和中国特色社会主义理论体系概论的科学体系与把握其具体内容结合起来；（2）把学习毛泽东思想、邓小平理论、“三个代表”重要思想和科学发展观与学习党的有关重要文献的基本精神结合起来；（3）把学习毛泽东、邓小平、江泽民、胡锦涛、习近平的著作同学习党和国家的重要文献结合起来；（4）把学习毛泽东思想、邓小平理论、“三个代表”重要思想和科学发展观基本原理与运用这些原理去分析社会现实问题结合起来；（5）把学习毛泽东思想与发展毛泽东思想、学习邓小平理论与发展邓小平理论、学习“三个代表”重要思想与实践“三个代表”重要思想、学习科学发展观与实践科学发展观结合起来。

石云霞教授主持的《马克思主义基本原理概论》精品资源共享课程，以课程建设为中心，形成了以国家统编教材为主干的立体化和网络化教材体系。课程建设、系列教材建设与教学资源建设相得益彰。加强教学方法和手段改革，突出学生主体地位，开展以问题研究为中心、以课堂讨论为载体、以培养学生自主学习能力为目的的研究式和启发式教学，形成了“突出重点、把握难点、贴近现实、避免重复、深入浅出”为教学目标的互动式教学运行模式。

诚如教育部社科司原司长杨瑞森教授在对武汉大学四门思想政治理论课集体申报的教学成果奖项目“以改革创新精神整体推进思想政治理论课程建设”进行鉴定时所述：武汉大学四门思想政治理论课精品在线课程，教学成果全面贯彻中央思想政治理论课教育教学改革精神，在实施05新方案的过程中，整体推进思想政治理论课程建设，取得突出成绩，特色鲜明：在课程建设方面，课程建设、教材建设和教学资源建设相得益彰，实效性强；在教学内容和教学方法改法方面，深化和拓展了教学内容，丰富和发展了互动式教学运行模式；在师资队伍建设方面，教学团队建设与课程组建设相互促进，学科互补，充分发挥了学科优势和人力资源优势；在思想政治理论课学科平台建设方面，实现了学科建设、科学研究与思想政治理论课教育教学的密切结合与互动。

《教育部关于启动高等学校教学质量与教学改革工程精品课程建设工作的通知》要求：精品课程要使用网络进行教学与管理，相关的教学大纲、教案、习题、实验指导，参考文献目录等要上网并免费开放，鼓励将网络课件、授课录像等上网开放，实现优质教学资源共享，带动其他课程的建设。为配合申报国家精品资源共享课，同时真正做到优质资源共享，武汉大学将课程网站建设作为精品课程建设的基础性工作，常抓不懈，积极运维。武汉大学马克思主义学院4门思想政治理论课程都建立了包括教学大纲、教案、多媒体教学课件、电子教材、教学日历、试题库、网上考试、实践教学、原著导读、拓展阅读、参考文献、疑难问题解析、案例分析、教研资料、教学录像、音像资料等内容的完全开放的课程网站，基本上涵盖了各门课程教学要求的各个方面。这无论对于教师的备课，还是对于学生的阅读和自学，进一步推进教学改革，都具有重要的实用价值。

值得一提的是，近年来，“互联网+”行动计划的提出，给高校思想政治理论课带来了机遇和挑战。在如何利用互联网解决传统思政课堂师资水平参差不齐、课堂规模偏大、课堂互动困难等难题，从而推动高校思政课在教学内容、教学方式和教学评价的创新变革方面，国内知名高校纷纷进行探索。在这种背景下，慕课应运而生。清华、复旦、浙大等高校都在探索慕课授课形式，试图实现教学的移动终端化。面对巨大的课程改革压力，武大也积极探索，启动了“以教学效果为核心”的思政课质量提升计划。该计划坚持以问题为导向，加强互动式和实践式教学，挖掘本地优秀历史文化资源，充分利用网络技术，大力推进思政课改革和创新。用慕课形式来激发课堂活力，更好地发挥教育引导功能，使教学效果更加透明化、扩大化，更好地服务广大学习者，是武汉大学思政课改革的重要方面之一。2016 年 9 月 26 日，武汉大学 4 门思想政治理论课慕课（即在线开放课程）正式开课。在短短 24 小时内，校外选课人数即突破 1.3 万人。这是教育部《普通高校思想政治理论课建设体系创新计划》出台后，首批登上国家级慕课平台——中国大学 MOOC 的思政课慕课，包括《马克思主义基本原理概论》《中国近现代史纲要》《毛泽东思想和中国特色社会主义理论体系概论》《思想道德修养与法律基础》。此次开通慕课，一批名师走进“没有围墙的大学”，让社会大众都能聆听“武大版”思政课。4 门慕课采用授课视频，结合生动真实的图片、录音、电视纪录片等资料，并灵活穿插了小测验、互评、在线讨论和答疑等。在这场将思政课与慕课结合的反响巨大的革新中，武汉大学做了大胆创新和尝试：首先，该项目是本科 4 门思政课程同时上线；其次，课程在国家级慕课平台上投放，背后有国家级教学团队支撑；再次，既尊重统编教材的知识内容，也照顾到课堂教学的需要。武汉大学再次以无可辩驳的事实，证明了自己在华中地区思想政治教育领域的龙头大佬地位。

华中师范大学《中国近现代史纲要》国家级精品资源共享课程，由该校历史文化学院中国近代史学科和马克思主义学院部分教师组成教学团队共同完成。该团队整合了全校科研和教学的优势资源，以国家级重点学科（《中国近现代史》）、双基地（历史学科和中国近现代史）和湖北省本科品牌专业（历史学）为背景，依托3门国家级精品课程（中国近现代史、思想政治教育原理、中国近现代史纲要），不仅成功获批国家级教学团队，而且成功申报《中国近现代史纲要》国家级精品资源共享课。该课程以“专题讲授、重点分析，针对学生思想加强引导”为教学原则，注重将最新科研成果转化到教学中，将课堂讲授与课堂讨论结合，既开拓了学习者视野，也锻炼了学习者各种能力。

武汉理工大学《毛泽东思想和中国特色社会主义理论体系概论》国家级精品资源共享课程，有课堂实录、课程动态、教科研究三大块。课堂实录的内容主要有：网页教程、PPT教程、教学实录和参考文献，有助于学生对教学内容的全面理解和课后复习；课程动态包括课程介绍、教学大纲、教学日历、重点和难点、教学改革和教学评价，以加深学生对教学内容的全面把握和师生互动；教科研究包括著作教材、学术论文、教科项目和成果获奖，将教师的科研成果和教学实际紧密结合，以科研促进教学。该课程资源丰富而系统，内容与时俱进、彰显时代并贴近学生实际。

相较国家级精品资源共享课程，省级精品资源共享课虽在课程网站建设、基本资源与拓展资源总量、课程学习者数量、社会影响力等各方面均逊色于前者，但仍集中了所在学校优势教学科研力量，有一定的代表性和特色，是广大学生和社会学习者学习、参考、借鉴的良好选择。

武汉大学佘双好教授主持的省级精品资源共享课《思想道德修养与法律基础》，以精彩的视频讲座和及时更新的案例库见长。16位出镜教师各展所长，为学习者献上34次精彩纷呈的视频讲座。案例库则囊括了近两年社会上最热点事件，如刘某某告母校不授予博士学位案、杭州公交车事件、成都孙伟铭案、人肉搜索第一案等，不仅将课堂很好地与社会实际结合，吸引广大学习者的强烈兴趣；同时，从道德伦理与法律碰撞的角度及时向学习者解释各种社会现象，既普及了法律常识，也加强了学习者的道德修养。

华中农业大学的省级精品资源共享课《马克思主义基本原理概论》课程网站，首页可以查看教学改革、经典著作选读、理论热点和难点、中外名人传、课程疑难解答、相关网站链接；在课程介绍栏，可以查看课程概述、历史沿革、教学方法、教学条件、教学效果、课程特色、政策支持、建设规划等；实践教学可以点击查看社会调查、专题讲座、课堂讨论、课外研讨、参观考察等子栏目。该网站制作简单大方、内容翔实，学习者非常容易上手，不会有任何困难。

江汉大学李腊生教授主持的省级精品资源共享课程《中国近现代史纲要》，早在2004年就被评为湖北省精品课程（当时课程名称为《毛泽东思想概论》），是湖北省高校省级精品课程中最早的两门思想政治理论课程之一（另一门为同年评上的武汉大学石云霞教授主持的《马克思主义哲学原理》）。2015年，该课程又被评为省级精品资源共享课程。课程教学队伍整齐，教学过程规范，教学资料丰富，取得了一系列教学改革成果，受到师生广泛好评。

三、武汉地区高校思政课先进教学方法

2015年7月，中央宣传部、教育部印发《普通高校思想政治理论课建设体系创新计划》通知，指出：高校肩负着学习研究宣传马克思主义、培养中国特色社会主义事业建设者和接班人的重大任务。思想政治理论课是巩固马克思主义在高校意识形态领域指导地位，坚持社会主义办学方向的重要阵地，是全面贯彻落实党的教育方针，培养中国特色社会主义事业合格建设者和可靠接班人，落实立德树人根本任务的主干渠道，是进行社会主义核心价值观教育、帮助大学生树立正确世界观人生观价值观的核心课程。因此，高校意识形态建设，是一项意义重大的“战略工程、固本工程、铸魂工程”；高校思想政治理论课，事关中国道路的拓展延伸、中国力量的积聚勃发、中国气派的凝结彰显。办好思想政治理论课，事关意识形态工作大局，事关中国特色社会主义事业后继有人，事关实现中华民族伟大复兴的中国梦，必须始终摆在突出位置，持之以恒、常抓不懈。

但是，我们必须清醒地认识到，经济全球化使世界范围内各种

思想文化交流交融交锋更加频繁，如何发挥正能量，增强对重大理论和现实问题的阐释力，在多元中确立主导，给思想政治理论课提出新的挑战；也必须清醒地认识到当前中国社会思想意识更加多元多样多变，面对各种思潮和复杂的社会现象，如何运用马克思主义的立场观点方法在多样中求得共识，给思想政治理论课提出新的要求。与此同时，目前高校思想政治理论课建设自身也还存在许多困难和不足：一些地方和高校对思想政治理论课仍然重视不够，政策条件保障尚未落实到位，思想政治理论课在高校考核评价体系中的地位和作用不够突出；统筹推进教材修订完善、教师队伍建设、教学方法改革的意识不强，思想政治理论课建设体系尚未完全形成；教师队伍建设不适应思想政治理论课改革发展需求，整体素质亟待提升；改革创新的手段不多，制约思想政治理论课针对性实效性的瓶颈亟待突破；有效整合全社会资源的力度不够，思想政治理论课建设全员全方位全过程育人的格局仍需巩固。凡此种种，需要上级领导部门、学校分管领导、学校相关行政部门各方协调、大力支持，方能一步步寻求解决，而当务之急，则是大力推进思想政治理论课教学方法改革创新，将之作为加强和改进思想政治理论课建设的切入点和突破口，努力提高思想政治理论课教学水平和整体教学质量，增强思想政治理论课堂实效性。毛泽东同志曾经说过：“我们不但要提出任务，而且要解决完成任务的方法问题。我们的任务是过河，但没有桥或没有船就不能过。不能解决桥或船的问题，过河就是一句空话。不解决方法问题，任务也只是瞎说一顿。”教学方法是高校意识形态教育的载体和工具，是高校思想政治理论课教学活动中的重要因素，是实现教与学相统一的桥梁和纽带，是实现教材体系向教学体系有效转化的关键环节。解决当前高校思政课面临的难题，必须寻求和依靠行之有效的方法。

早在2003年，教育部《关于启动高等学校教学质量与教学改革工程精品课程建设工作的通知》中，就对高校思政课教学方法改革提出具体要求：要注重使用先进的教学方法和手段，合理运用现代信息技术等手段，改革传统的教学思想观念、教学方法、教学手段和教学管理。要求能够重视探究性学习、研究性学习，体现以学生为主体的教育理念；能根据课程内容和学生特点，进行合理的教学设计；要求重视教学方法改革，能灵活运用多种恰当的教学方法，有效调动学生学习积极性，促进学生学习能力发展；能恰当充分地使用现代教育技术手段开展教学活动，并在激发学生学习兴趣和提高教学效果方面取得实效。2005 年，中宣部、教育部发布了《关于进一步加强和改进高等学校思想政治理论课的意见》，提出了加强和改进高等学校思想政治理论课教育教学的总体要求。其中包括“坚持开拓创新，不断改进教育教学的内容、形式和方法；力争在几年内，使高等学校思想政治理论课教学状况有明显改善”，“实现教学方式方法多样化、实践教学规范化和教学手段现代化”。

为进一步推动高校思想政治理论课教学方法改革，提高思想政治理论课教学质量和水平，2011 年，教育部社科司印发《高等学校思想政治理论课建设标准》；2013 年，印发《高校思想政治理论课教师队伍培养规划（2013—2017 年）》，并启动《高校思想政治理论课教学方法改革项目“择优推广计划”实施方案》。为做好以上文件的实施工作，3 年来教育部通过人文社科研究项目形式设立课题，资助教师加强科研和教学；研究制作“精彩一门课”全程教学示范片、“精彩一课”、“精彩教案”、“精彩课件”；出版思政课教学案例；从 2012 年起开展教学能手大赛，结集出版第一批 47 位教学能手入选教师经验交流文集。

在探索高校思政课教学方法改革的漫漫长路上，有几点原则是必须一以贯之的：

第一，推进思想政治理论课教学方法改革，要发挥好教师的主动主导作用和学生的主体作用。纵观《能手之路》，“回归教育的本质”即发挥学生的主体性、主动性，是所有创新思政课堂教学方法的根本原则。推进教学方法改革的主导力量是教师，广大教师首先要自己有真才实学，透彻掌握所教课程的主要内容、基本理论；其次，要研究把握学生成长规律，因材施教。只有根据学生的实际需求和不同特征，实施不同的教学计划方案，才能充分发挥学生学习理论的主体作用，激发学生内在的学习动力，实现教学相长、共同提高，使思政课既讲得生动、有吸引力、大家愿意听、想听下去，又能将理论分析透彻、有说服力，给人以启发和思考。

第二，推进思想政治理论课教学方法改革，要处理好方法与内容之间的关系。任何教学方法都是为内容服务的。要重视教材体系、课程内容研究，将创新的教学方法与教学内容有效衔接，结合学生特点和课程特点，运用不同种类的教学方法，加强理论阐释的深度，展现理论的逻辑力量。要注重理论教学与实践教学结合，探索多样化课堂教学方式和实践教学方式相结合，实现课上课下、课内课外相衔接。要注重各种教学方法的综合运用。在思想政治理论课教学中，没有固定不变的方法，也没有哪一种教学方式是唯一的，只有根据各高校自身的教学实际，不断摸索和反思，总结运用适合教学对象、教学情境的教学方法，才能最大程度增强教学说服力、感染力。

第三，推进思想政治理论课教学方法改革，要注重整合教学力量，发挥合力效应。教学方法改革从来就不是一件孤立的事情，不只是教师的事，而是一项系统工程。各学校要加强集中领导，提供必要的条件，保障经费投入，加强教学管理，配足配强教师，落实师生比，健全和完善思政课教师评价体系，把思政课教师在教学中的投入、教学研究成果纳入教师职务晋升、职称评定及名师评选表彰中，鼓励思政课教师全身心投入教学，想方设法创新教学方法，科学恰当运用各种方式和手段，切实提高教学的针对性实效性。

为推进思政课教学方法革新，武汉地区高校结合本校特色和学情，进行了大量有益探索，为各高校思政课教师共享优质资源、取长补短、改进教学方法提供了诸多借鉴。

湖北大学 1992 年开始进行“两课”教学方法改革尝试，经过 4 年摸索，1996 年提出“五步教学法”和“专题教学法”，获湖北省人民政府教学改革成果一等奖，在全省乃至全国产生了重大的影响。其专题教学法按照政治理论课的各自特点，统筹兼顾，突破原有教材体系，进行了结构性改革，列出了 18 个专题，按专题组织教学。“五步教学法”即：老师上启发课一直观教学（看录相或进行社会调查）一学生自学一课堂讨论一教师总结课。教师启发课主要讲6个方面内容：本专题教学目的与要求，本专题的重点、难点，本专题的主要内容，本专题与教材的关系，主要的教材内容、阅读书目和参考资料、思考题。教师在上启发课时，着重介绍本专题的主要内容，归纳教材的主要概念和观点，以足够的诱导力和推动力将学生的学习兴趣和热情调动起来。直观教学课，指教师根据本专题的教学目的和要求，认真选择录相片，确定社会调查方案。教师事前应详细介绍社会调查或录相的主要内容，提出通过这一教学环节必须解决的主要问题。学生自学课，指学生在教师指导下认真阅读教材和参考资料。一般采取课外自学和课内自学两种方法。课外自学，就是在上课时，提出几个问题，让学生课后自学，下次上课点名要学生回答；或者是出几道思考题，让学生看书后做作业，下次上课交作业；课内自学，就是上课时，提几个问题指出教材的某一段落，给15—20分钟的时间让学生看书，然后点名让学生回答。经验证明，教师交替地采取课内自学和课外自学方法，有利于培养学生看书的习惯。课堂讨论，是培养、训练和检验学生理论联系实际能力的重要方法。教师要认真选择好讨论题。一般地说，题目应是本专题的重点、难点和疑点并具有较强的理论性、针对性，教师应对学生的发言提纲进行指导和检查。教师总结课，指教师依据教学内容对学生所提出的带普遍性的疑难问题，作出比较全面而深入的回答。教师必须做到既坚持教学内容自身的理论性、科学性、系统性，又准确地回答学生的疑难问题，为学生做出运用马克思主义基本理论分析、解决问题的示范。

武汉大学针对学生素质相对较高、发展较为全面的特点，推出试点课堂，采取“重点突破、以点带面、点面结合”的方式，积极探讨课程教育教学新模式。在普遍贯彻“两课”教育教学改革的方针的同时，认真抓了两个方面的试点工作：一是开设《邓小平理论与“三个代表”重要思想概论》，将课程讲授内容分成十余个专题，邀请学校有关方面知名专家直接对大学生进行课堂讲授，当堂回答学生关心的热点难点问题；组织学生开展社会调查活动、辩论和讨论等形式，在尊重学生个性和创造性的前提下，通过学生自由组合、自由选题，查找资料、撰写调查报告和论文等方式，进行课堂教学活动。二是开设“中国化的马克思主义概论”试点课堂，把毛泽东思想、邓小平理论和“三个代表”重要思想作为一个整体进行教学，既重视它们之间一脉相承的内在联系，同时又兼顾其发展的阶段性。

武汉理工大学马原教研室在朱哲教授带领下，根据新时期大学生的认知特点，在教学中摸索了一套行之有效的教学思路和教学方法，如“课堂讨论和辩论”、“案例教学”、“专题讲座”、“研讨式教学”、“实践教学”等融为一体，不断增强《马克思主义基本原理概论》课的针对性和实效性。在课堂讨论互动教学基本环节上，收集阶段教学中学生关心的热点和疑点问题，整理列出讨论题题目，布置给学生；组织学生分组进行讨论，积极思考、发表见解；根据教学需要进行课堂讨论；最后教师作总结性的点评，帮助学生解除疑惑，深化对教材内容的理解。在课堂辩论互动教学基本环节上，每学期安排一次，第一次课时就布置给学生，由学生自己分组准备，收集资料、确定选题、探讨研究、列出提纲、撰写演讲稿（答辩稿），教师改稿，适时组织主题演讲或答辩。专题讲座是进一步就教学中的重点或难点问题、重要理论的当代发展、重大的理论联系实际等问题进行拓展性研究和讲授，以便开阔学生的视野，增加对马克思主义基本原理课的兴趣，提高实效性。研讨式教学是将教学与科研相结合、课堂内与课堂外结合，融课堂教学与学术探索为一体、对象针对性较强的研讨性质的教学方式。在常规的课堂讲授之外，由教师与学生自发组成的学习兴趣小组在课外进行的不定期主题教学研讨，就马克思主义基本原理中的学科前沿问题、理论争鸣观点，在师生间以选修课程专题为主，自由发言、各抒己见进行研讨。如前所述，该校思政课实践教学方式多样多变，紧跟时代节奏。该校社会实践投入非常大，建立了包括浙江玉环实践基地、一汽、二汽、广西柳州上汽通用五菱实践基地、湖北十堰实践基地、湖北红安爱国主义教育基地、深圳市中汽南方投资集团有限公司行业实践基地等120处长期固定的大学生社会实践教育基地，使广大学生接触社会、认识社会、了解社会，学会运用马克思主义的世界观来思考问题、解决问题。

如何从问题出发，授业解惑、因材施教，这是当前思政课教学方法改革的重大课题。2017 年 1 月，《光明日报》刊载了武汉理工大学马克思主义学院副院长邓喜道副教授的教研论文《问题式教学法的育人作用》，指出，问题式教学法作为高校思想政治理论课教学改革中一种卓有成效的教学方法，对于解决“培养什么样的人、如何培养人以及为谁培养人”这个问题，提升高校思想政治理论课教学的实效性具有重要推动作用。问题式教学法是一种以问题为导向，引导学生自主学习、交流讨论、寻找答案，使学生掌握相关理论知识，进而培养学生提出问题和解决问题能力的教学方法。建构主义认为学习是学习者通过交流、合作等互动活动以自己的方式主动建构知识的过程。基于建构主义的高校思想政治理论课问题式教学法具有启发性、自主性、互动性、针对性等特征，能够通过激发学生思维、提升教师能力、提高教学效果等，提升思想政治理论课的实效性。

思政课教师革新教学方法的尝试，得到了各级主管部门的肯定和认可。2013 年，教育部启动《高校思想政治理论课教学方法改革项目“择优推广计划”实施方案》。在首批公布的名单中，武汉地区高校有两项入选：武汉大学丁俊萍教授的“思政课多元立体教学模式探索”、华中科技大学洪明老师的“高校思政课互动教学体系的创新与实践”。2015 年，两项入选计划均通过教育部合格鉴定。2014 年，华中农业大学吴春梅老师的“思想政治理论课‘主题体验、协同育人’实践教学方法的改革与探索”项目入选；武汉轻工大学张加明老师的“高校思想政治理论课实践教学‘12345’模式”入选培育项目。

立体多元的思想政治理论课教学模式，是武汉大学思想政治理论课教师在总结多年来思想政治理论课教学实践经验，结合综合性大学的大学生实际情况进行接续探索，逐步形成和发展起来的。立体多元的思想政治理论课教学模式的主要特点是融多个教学环节于一体，努力做到“三个结合”：一是把教师课堂讲授与学生通读教材、选读经典文献、观看视频资料、撰写课程论文、进行课堂讨论等多种形式结合起来；二是把课堂教学与课外的知识竞赛、征文活动、演讲比赛、参观考察、暑期社会实践活动等第二课堂活动结合起来；三是把发挥教师的主导作用与发挥学生的主体作用结合起来。通过这“三个结合”，努力增强思想政治理论课教学的吸引力和感染力、针对性和实效性。立体多元的思想政治理论课教学模式具有丰富的内容，主要体现在以下几个方面：

一是培养学生的问题意识，激发学生对重大理论与实践问题的关注，有针对性地组织教学活动，这是上好思想政治理论课的重要条件。

二是教师的系统讲授是思想政治理论课课堂教学的基础性环节，也是进行思想政治理论教育的主渠道。

三是结合课程教学内容组织学生观看相关文献资料片，是思想政治理论课教学中的重要环节。

四是引导学生通读教材、选读经典文献及其他读物，是帮助学生系统掌握思想政治理论课教学内容的重要方式。

五是撰写课程小论文是引导学生自主学习的一种重要方式，是学生运用所学理论对社会重大问题进行独立思考，并将这一学习和思考以文字形式呈现出来的重要载体。

六是课堂讨论是思想政治理论课教学中最能调动学生的学习自主性、最能体现学生自主性学习的一种实践教学形式。

七是社会考察是思想政治理论课教学中最受学生欢迎的实践教学环节，它有助于学生在现实场景中感悟历史、考察现实，培养学生的社会责任感。

八是运用信息化手段创新思想政治理论课教学方式是思想政治理论课教学方法改革的必然要求。

九是第二课堂是思想政治理论课课堂教学的重要拓展，也是实践教学环节的一种形式。

华中农业大学吴春梅老师的“思想政治理论课“主题体验、协同育人”实践教学方法的改革与探索”项目，是该校马克思主义学院长期探讨实践教学模式并不断完善的理论结晶。华中农业大学马克思主义学院秉持协同育人理念，突出问题意识，不断强化实践教学。2006年以来，探讨了“主题体验、协同育人”的思想政治理论课实践教学模式，构建了“校本特色+可操作性”的多元协同实践教学体系，大学生的社会责任感、实践能力、创新素质以及学农爱农务农兴农的意识明显增强。该模式明确了人人都是育人主体，事事都是育人平台，时时都是育人契机，处处都是育人环境的协同育人理念，探讨了以管理协同育人为基础、以主体协同育人为核心、方式方法协同育人为手段、以资源协同育人为保障的协同育人路径。在实践教学内容、资源整合和组织保障等层面，加强了校内外协同，尤其是大学生思想政治教育主渠道与主阵地的协同，形成了实践育人的合力，提高了实践教学的整体效果。结合课程特定目标与学生实际需求，挖掘学生喜闻乐见的主题，引导学生亲身参与主题体验实践活动，将前期长期探索的情景教学体系升化为主题体验实践教学体系：关心学生成长，引导学生自主开展系列生命体验实践教学活动，深化理论感知；通过策划、指导、参与、合作等方式成功对接“本禹志愿服务队”“红杜鹃爱心社”等10余个学生社团，协同打造“雨露·中国”等公益服务品牌，组织指导开展系列爱心体验实践教学活动，深化理论领悟；紧扣重大事件，开展系列红色体验实践教学活动，深化理论认同；会同有关部门精心组织指导大学生“三下乡”系列研究体验实践教学活动，深化理论践行。通过主题体验，实现了学生思想政治理论课学习由理解、内化到践行的升华，有效增强了学生关注社会、研究社会、服务社会的情感和能力，提升了学生学农爱农务农兴农社会责任感，突出了实践教学的“农林”特色，增强了实践教学的针对性和有效性。

武汉轻工大学大力开展思想政治理论课教学改革，在实践教学环节创新方面成绩斐然。依托《思想道德修养与法律基础》课程组负责人张加明的校级重点教研课题“高校思政课实践教学“12345模式”研究与实践——以武汉工业学院为例”，完善了《思想道德修养与法律基础》课的实践教学。该课题构建了高校思政课实践教学全新的以“1本手册”（《武汉工业学院思想政治理论实践课学生手册》）、“2个课堂”（第一课堂和第二课堂）、“3个结合”（思政课实践教学要结合大学生思想发展轨迹，要结合四门课程理论教学内容，要结合社会丰富的人文历史教育资源优势）、“4 个联动”（学校领导、职能部门、思政课部及学生所在院系四方联动）和“5 个环节”（设计“走访优秀学长，规划大学学习”、“探访革命圣地，坚定理想信念”、“躬身社会实践，增强践行能力”、“追踪成功校友，设计人生道路”、“走进素质讲坛，拓展综合素质”）为特征的“12345 模式”。《思想道德修养与法律基础》课的实践教学，紧紧依托思政课实践教学课，完成大学生一年级应完成的 2 项实践任务：“走访成功学长，阅读伟人传记，科学规划人生”、“探访革命圣地，重温红色岁月，坚定理想信念”，使大学生的实践真正落到了实处。“12345 模式”设计的“5 个环节”充分结合大学生思想发展轨迹，开展实践教学，广大学生深感受益。该研究成果在 2009 年咸宁召开的马克思主义理论研究会年会交流后，全省有 40 多所高校不同程度地学习借鉴，反响热烈。课题成果于 2012 年 6 月 1 日由湖北省教育厅组织鉴定，鉴定结果认为：“项目研究构建了符合大学生成长规律、实践教学和理论课有机结合，社会实践教育资源充分利用，特色鲜明，可操作性强的思政课实践教学全新的‘12345 模式’。研究在实践教学的模式、环节、保障机制及考核评估等方面全面创新，在实践教学的保障机制和实践育人的长效机制创新方面取得了根本性突破，推进了实践教学的有效实施。该‘模式’经过近 4 年的教学实际运用中逐渐科学规范，得到广大同学的高度认同和高校同行的赞誉和学习借鉴。创新特色鲜明、可操作性强、运用成效显著、具有很强的实际推广应用价值。实践教学研究创新走在高校前头，达到国内较高水平。”

为进一步推进湖北省高校思想政治理论课教学方法改革，2015 年，湖北省教育厅开展高校思想政治理论课教学方法改革项目择优推广计划，武汉地区公办本科院校有 19 个项目入选：

中南民族大学闫占定：高校思政课“学生主体性教学模式”探索与实践

中南财经政法大学周术国：思政课多元立体考核模式探索与实践

中南财经政法大学张瑞堂：“概论”课分层教学方法的选择与

创新研究

武汉理工大学邓喜道：理工高校思想政治理论课“问题式教学模式”建构及其应用

武汉理工大学邓亦武：凸显激发学生兴趣的《中国近现代史纲要》课立体式探究性教学研究

武汉科技大学孙君恒：思想政治理论课融入祖国传统文化新对策研究

武汉科技大学陈佳：新媒体环境对思政课教学方法的影响及思政课实践教学校内合作模式研究

武汉工程大学、张宝梅：比较教学法在《概论》课中的运用

武汉纺织大学张建林：《思想道德修养与法律基础》课研究性教学的模式改革探索

武汉大学丁俊萍：思政课多元立体教学模式探索

华中师范大学徐秉国：混合式教学模式下见面课的理论与实践研究

华中农业大学雷玉明：基于新媒体技术的思政课参与式教学法创新与实践

华中农业大学吴春梅：思想政治理论课“主题体验、协同育人”实践教学方法的改革与探索

华中科技大学段喜春：“概论”课模拟角色决策推演教学方法的研究与实践

华中科技大学沈吴驹：高校思政课“社会实践”课立体教学模式创新与实践

华中科技大学洪明：高校思政课互动教学体系的创新与实践

湖北美术学院吴继金：思想政治理论课教学中美术资源的运用

湖北警官学院陈宝兴；大学生“课前五分钟演讲教学模式研究”

湖北大学涂用凯：高校思政课“三维坐标系”教学法探索

教学有法无定法。推进思想政治理论课教学方法改革，创新教学手段和方式，是一项没有止境的工作，需要每一所高校、每一位思政课教师进一步加强教学研究，深化教学方法改革，提高教学质

量，使思政课真正成为大学生真心喜爱、终身受益、毕生难忘的优秀课程。

四、武汉地区高校思政课优质教材体系

《普通高校思想政治理论课建设体系创新计划》提出，高校思想政治理论课建设要“以教材体系、人才体系、教学体系建设为核心，”以统编教材为基础，建设思想性、科学性和可读性统一的思想政治理论课立体化教材体系。建设立体化的教材体系，从以下三个方面展开：

一是大力推进统编教材编写使用。根据中央精神和教学实际需要，及时修订和使用好本专科 4 本教材和研究生 5 门课程教学大纲，组织制定《高校“形势与政策”课教育教学要点》。建立教材使用情况即时监测制度，跟踪分析师生对教材使用的意见建议，把师生评价作为教材修订重要标准，吸收一线师生参与教材修订工作。建立高校思想政治理论课教材研究中心，加强对教材内容和表述方式的研究，加强对思想政治理论课学术话语体系的研究，推动提高思想政治理论课教材编写质量和水平。编写马克思主义理论学科本科生和研究生核心课程教材。各地各高校要确保思想政治理论课教学使用统编教材。

二是编写完善教学系列用书。组织编写与本专科思想政治理论课统编教材相配套的教师参考书、疑难问题解析、教学案例解析、学生辅学读本等教学用书，更好地促进统编教材的使用。制定专科 2 门必修课程教学建议。编写研究生 5 门课程教学讲义。组织编发高校思想政治理论课教学活页。把《习近平总书记系列重要讲话读本》《中国特色社会主义学习读本》《马克思主义哲学十讲》和《世界社会主义五百年》等作为思想政治理论课教学重要参考书。开展对教材重点难点研究，完善教学系列用书编写体例，创新编写模式。加强编写队伍建设，形成老中青年相结合、学科背景相补充的梯队。各地各高校，特别是民族地区可以组织编写符合实际需要的思想政治理论课教学参考用书。

三是充分利用网络教学。加强“高校思想政治理论课程网站”建设，完善网站建设机制，优化栏目设置，使之成为全国思想政治理论课教师共建共享共管的平台。成立全国思想政治理论课网站信息共享联盟，整合各地各高校优质网络教学资源。推动思想政治理论教育网络期刊建设，探索建立思想政治理论教育类优秀网络文章在科研成果统计、职务评聘方面的激励机制。建立文献共享资源库。建设一批教学资源研究实验室，系统总结凝练优质教学资源。建立大学生思想政治理论课主题学习网站和微信公众账号学习平台，使之成为宣传展示学生理论学习成果的阵地。各地各高校要积极参与相关网站建设，采取切实措施推动本地本校教学资源共建共享。

武汉大学马克思主义学院非常重视教材建设，将之视作高校本科教学质量和教学改革工程的重要内容。由于思想政治理论课的特殊性，必须统一使用由高等教育出版社出版的中央马克思主义理论研究和建设工程重点教材，所以，思想政治理论课的教材建设主要是指包括教学指导用书、原著导读、教学重点难点与练习、教案、电子教材、多媒体教学课件、教学案例等辅助教材的建设。早在申报国家精品课程时，即根据《教育部关于启动高等学校教学质量与教学改革工程精品课程建设工作的通知》中要求的“精品课程教材应是系列化的优秀教材，精品课程主讲教师可以自行编写，制作相关教材，也可以选用国家级优秀教材和国外高水平原版教材，鼓励建设一体化设计、多种媒体有机结合的立体化教材”，该学院就结合实际教学的需要，组织教师编撰了大量教辅学习资料，先后出版了《思想政治理论课基本教学要求》、《思想政治理论课学习指导））（4 种）、《思想政治理论课原著导读》、《思想政治理论课重点、难点解析与练习》（4 种）、《思想政治理论课教学案例分析》（5 种）等辅助教材，制作并出版了多媒体教学课件 6 部、全程教学录像 3 套，初步形成了一个一体化设计、多种媒体有机结合的立体辅助教材体系。具体辅助教材书单如下：

卢勇主编《〈中国近现代史纲要〉教学案例》，武汉大学出版社 2009 年版。

胡德坤、宋俭主编《中国近现代史纲要》，武汉大学出版社2013年版。

宋俭主编《中国近现代史纲要重点难点解析与练习》，武汉大学出版社2008年版。

弓兰秀主编《〈思想道德修养与法律基础〉专题实践教程》，武汉大学出版社2015年版。

佘双好主编《〈思想道德修养与法律基础〉重点难点解析与练习》，武汉大学出版社2008年版。

金筱萍、程凌主编《〈思想道德修养与法律基础〉教学案例》，武汉大学出版社2010年版。

佘双好主编《思想道德修养与法律基础探索》，武汉大学出版社2007年版。

丁俊萍、孙康主编《〈毛泽东思想和中国特色社会主义理论体系概论〉重点难点解析与练习》，武汉大学出版社2009年版。

杨军、金伟、李华《〈毛泽东思想和中国特色社会主义理论体系概论〉教学案例》，武汉大学出版社2010年版。

石云霞主编《〈马克思主义基本原理概论〉重点难点问题解答与练习》，武汉大学出版社2007年版。

石云霞主编《马克思主义基本原理概论课教学导引》，高等教育出版社2007年版。

石云霞主编《大学生新四门思想政治理论课原著导读》，武汉大学出版社2008年版。

本课题组组编《思想政治理论课教学基本要求》，武汉大学出版社2007年版。

龚玉敏主编《〈马克思主义基本原理概论〉教学案例》，武汉大学出版社2009年版。

杨虹主编《〈科学发展观〉教学案例》，武汉大学出版社2010年版。

石云霞主编《普通高等学校马克思主义理论课原著导读》，武汉大学出版社1999年版。

丁俊萍主编《普通高等学校马克思主义理论课重点难点解

析》，武汉大学出版社 2002 年版。

丁俊萍主编《普通高等学校马克思主义理论课通用习题集》，武汉大学出版社 2001 年版。

顾海良、张雷声主编《马克思主义基本原理概论课疑难问题解析》，高等教育出版社 2012 年版。

尽管按照国家规定，学生必须使用统编的思想政治理论课教材，但武汉大学马克思主义学院教师仍在教材编撰方面也做了大胆尝试，出版了相关课程教材。这些教材在保持和中央精神高度一致的基础上，突出了一些理论热点和难点，与时代结合更密切，给予学习者更多启发，诸如《毛泽东思想概论》《邓小平理论概论》《“三个代表”重要思想概论》《邓小平理论和“三个代表”重要思想概论》《中国化的马克思主义理论》《毛泽东思想和中国特色社会主义理论体系概论》《中国近现代史纲要》等。

第三章 武汉地区高校思政课社会优质教学资源

从教育活动的特征来讲，任何教育都必须以一定的资源作为支撑。思想政治教育作为“一定的阶级、政党、社会群体遵循人们思想品德形成发展规律，用一定的思想观念、政治观点、道德规范，对其成员施加有目的、有计划、有组织的影响，使他们形成符合一定社会、一定阶级所需要的思想道德的社会实践活动”①，它的组织、实施同样需要丰富而鲜活的教育资源。高校思政课是思想政治教育的主流形式，在一定程度上讲，高校思政课实施的过程就是如何充分整合、发挥思想政治教育优质资源的过程。高校思想政治理论课优质教学资源，是指有利于提高思政课教学效果和人才培养质量的优秀教师、精品课程、先进教学手段和方法、内涵丰富的教学实践基地等资源，主要包括高校校内优质教学资源和社会优质教学资源两部分。因此，对有利于高校思政课开展的优质社会教育资源进行深入研究，具有重要意义。

一、武汉地区高校思政课社会优质教学资源概述

高校思政课优质教学资源，是指有利于提高思政课教学效果和人才培养质量的优秀教师、精品课程、先进教学手段和方法、内涵丰富的教学实践基地等资源，主要包括高校校内优质教学资源和社会优质教学资源两部分。其中，社会优质教学资源是指社会上

① 张耀灿、郑永廷、吴潜涛、骆郁廷等著：《现代思想政治教育学》，人民出版社2006年版，第50页。

(高校之外)可供高校思政课教学使用的物质形态及精神形态的资源。包括革命遗址或纪念馆(红色资源)、社会主义建设和改革开放标志性成果、先模人物及其事迹等。

(一)高校思政课社会优质教学资源的有机构成

从高校思政课社会优质资源的构成来看，我们将其划分为两个层面的内容：一是以物质形态存在的内容。包括历史遗存，如革命遗址、革命文物；及在历史遗存基础上建立起来的烈士陵园、博物馆、展览馆、纪念馆等纪念场所；还包括现代社会主义建设和改革开放的一系列标志性成果。二是以精神形态存在的内容。包括在新民主主义革命、社会主义建设和改革实践中形成的各种昂扬向上的精神以及优质道德资源等。它们都是在社会发展和历史演进过程中经过长期积淀而成，具有鲜明的时代特征。

(二)高校思政课社会优质教学资源的功能

高校思政课社会优质教学资源具有多方面功能，概括起来主要有以下几点：

第一，社会优质教学资源具有历史镜鉴的功能。高校思政课社会优质教学资源包括了中国共产党人领导人民进行革命、建设和改革的伟大历史实践中形成的红色资源、现代化建设的标志性成果以及在这个过程中凝练出的先进社会精神。而在这个历史实践的过程中，不仅包括了成功的历史经验，也包含了失败的历史教训。对此类现象，我们要以以史为鉴、实事求是的科学态度，从错误和失败中吸取教训。事实上，较之从正面学习的经验，从反面吸取的教训往往要深刻牢固得多。如邓小平多次强调要“以经济建设为中心”，主要是从“以阶级斗争为纲”的错误指导思想给国家、社会和人民带来的严重后果中总结出来的。因此，我们要多角度审视红色资源，既要继承发扬红色资源中积极有益的因素，也从其伴生物中汲取教训，获取收益。

第二，社会优质教学资源具有意识形态功能。在新民主主义革命、社会主义建设和改革开放过程中形成的先进社会精神以及物质形态的历史遗存构成了社会优质教学资源的主体内容。改革开放的伟大实践为其注入了具有时代感召力的新思想、新内容、新载体。在建设与发展中国特色社会主义新的伟大历史时期，中国共产党及其领导的中国人民仍在为它续写新的篇章。这些内容中所凝聚的人、事、物、魂都是在革命烽火与社会主义建设炉火中碎就的。它们围绕着爱党、爱国、爱社会主义这一伟大主题，生动地反映了所处时代无产阶级政党的政治使命；进入 21 世纪以来所形成的反映时代精神的“新”的红色资源，也以服从服务于中国特色社会主义建设这一伟大事业为使命，无论是前者还是后者，都具有鲜明的意识形态性因素，都直接反映一定阶级或政治集团的利益和要求，并作为精神武器来维护和巩固这个特定阶级的统治。

第三，社会优质教学资源具有文化传承功能。马克思曾指出，“人们自己创造自己的历史，但是他们并不是随心所欲地创造，并不是在他们选定的条件下创造，而是在直接碰到的、既定的、从过去继承下来的条件下创造。”① 社会优质教学资源是在历史实践中不断生成和形成的，它兼具历史继承性和时代的超越性与创新性，是三者的辩证统一。先进的社会精神并非凭空而来，亦非空中楼阁，以爱国主义会核心的民族精神是其精神根基和思想源头，而特殊的社会历史条件是红色资源产生的实践基础，而以改革创新为核心的时代精神则是社会主义先进文化发展方向。从历史继承性的角度来看，红色资源所包含的新民主主义革命时期的红色文化、社会主义革命与建设时期的红色文化、社会主义改革以来的红色文化一脉相承。从具体形态上来看，战争年代的形成的革命文化和革命精神，社会主义建设时期的建设文化和艰苦创业的精神以及改革开放时期的锐意进取和创新精神也同样存在着继承性、创新性和超越性的辩证统一。

第四，社会优质教学资源具有道德示范功能。社会优质教学资源中蕴含着丰富的道德内容，其中既囊括了中华民族绵延五千年的民族传统美德和伦理观念；又涵盖了植根于中国革命实践和中国特

① 《马克思恩格斯文集》(第 2 卷)，人民出版社 2009 年版，第 470 页。

色社会主义实践中以集体主义为原则和为人民服务为核心的共产主义道德。具体说来，社会优质教学资源的道德示范功能体现为：一是大量历史遗存的红色资源里，集中体现出的全心全意为人民服务的道德追求，无论是在新民主主义革命的过去，还是致力于实现中华民族伟大复兴的今天，都体现出了其强大的生命力，并对广大受众产生良好的示范效应，增进党和人民群众之间的血肉联系。二是当代优秀的道德模范们所坚持的毫不利己、为大家舍小家的道德判断，无论过去、今天还是将来，都能为我们正确处理个人、集体和国家的关系，处理好个人利益与集体利益的关系，处理好当前利益和长远利益的关系产生良好的示范作用。三是社会主义现代化建设中所弘扬的自力更生、艰苦奋斗、开拓进取、勇于创新的道德风尚，无论是过去今天还是将来，对于在全社会形成厉行节约、艰苦朴素的良好风尚以及对中国特色社会主义道路的自信都将长生良好的示范作用。

第五，社会优质教学资源具有教育教学功能。红色资源是学校主旋律教育和主渠道教育的重要组成部分。主要体现在两个方面：一是从外在表现来看，红色资源具有生动具体、直观形象、实践性强的特点，学生在生动的教学情境中可以获得革命精神和革命传统的感染与熏陶。二是从内在内容来看，红色资源是中国化马克思主义理论指导下的实践成果。蕴含科学的世界观方法论、坚定的政治信仰、高尚的道德情操，有助于培养青年学生的政治责任感、开拓创新精神、爱国主义热情。

（三）社会优质教学资源促进高校思政课的作用机制

对于高校思想政治理论课而言，社会优质教学资源具有校内优质教育资源无法替代的教育教学价值。

1. 高校思政课社会优质教学资源的教育价值分析

社会优质教学资源价值是多元和多维的，而教育价值则是其主体价值。总的来说，其教育价值主要体现为如下几个方面：

（1）历史遗存的红色资源中包含了革命先烈的感人事迹，包含了战斗烽火中的历史遗存，包含了催人奋进的革命精神，这些都为高校思政课提供了生动活拨的案例、真实可靠的素材，充实了思想政治教育的教育资源。

(2) 社会优质教学资源中囊括了红色资源、现代化建设标志性成果、社会先进的精神以及当代道德模范，因而它具备思想教育、政治教育、道德教育、心理教育、历史教育、公民教育、军事教育等各个层次，它使高校思政课的内容体系更加丰富，功能体系更加完善。

(3) 优质社会教学资源的形成的过程亦即是马克思主义中国化的历程，同时，也是中国人民寻求真理与价值的历程，它其中包含了科学世界观、方法论以及对美和善的追求，这些都为高校思政课的性质和方向提供了保证。

(4) 种类丰富、形态各异、形式多样的优质社会教学资源，无论是物质形态还是精神形态，将它们整合起来，都能为高校思政课提供多样化的教育形式，多类别的教育载体，多类型的教育环境，创新了思想政治教育的方式。

2. 将社会优质教学资源转化为高校思政课的有效载体

(1) 应用为高校思政课的内容载体

一般来说，高校思政课的教育内容是对相关的思想政治教育资源进行整合加工后的结果。思政课的教育教学资源类型越丰富，思政治课的内容就越充实、越广泛。同样，教育教学资源的质量越高，在此基础上加工而成的思政课内容就会丰富、越生动、越具实效性。如前所述，社会优质教学资源是红色资源和优质的社会精神资源的统一体，它集中体现了中华民族的革命精神、时代精神、先进文化、道德力量，它的内容体系涵括了科学的世界观、方法论，包含了我党的政治理念、政治信念、政治方向、政治立场、政治观点、政治情感、政治方法、政治纪律，道德规范、道德观念、道德判断、道德情感以及积极健康的革命意志和心态，它们与高校思政课的内容体系——思想教育内容、政治教育内容、道德教育内容、心理教育内容具有高度的契合性，是培育受教育者爱国主义情感、集体主义意识，认识社会主义发展历史进程，树立中国特色社会主义共同理想和共产主义远大理想，培育社会主义核心价值体系，加强社会主义荣辱观教育的宝贵思想政治教育内容资源。当然，我们应当对这些优质社会资源的内容体系进行与时俱进的完善和创新，使其更好地适应高校思政课内容体系的发展与要求。

(2) 应用为高校思政课的方法载体

“思想政治教育方法是教育者利用各种形式的思想政治教育资源对受教育者施以影响，使一定社会的政治思想、道德规范内化为受教育者政治觉悟和思想品德的方式及手段。”① 类型各异的优质社会教学资源为高校思政课教育教学方法的创新提供了先进经验和各类物质手段，转化为高校思政课的优质方法载体。将社会优质教学资源应用为高校思政课的方法载体，主要是通过将其转化成为高校思政课的“方法要素”的间接方式完成。

第一，在实践教育方法中，历史遗存的红色资源和现代化建设的标志性成果都是极具参与性、体验性的方法要素。教育者通过组织安排受教育者参与实践考察活动，使受教育者如临其境，受到教育和感化。近年来，各大高校都高度重视思政课的实践教育环节，而带领学生“亲临现场、重温历史”则成为其中最为重要和常用的方式方法之一。而这种“身临其境”的教学方式和高校思政课的课堂理论教学形成了优势互补，有利的提升了高校思政课的理论说服力。

第二，在榜样教育法、“现身说法”方法中，优质的社会教学资源为思想政治教育提供教育榜样。“榜样的力量是无穷的。组织报告团，用现身说法的方法介绍先进模范人物的成长道路是一个好经验，是思想政治工作的一个好办法。我们的人民中间，工人和农民中间，知识分子中间，有千千万万个先进的典型，他们是我们民族的优秀分子，在他们的身上体现着我们的民族精神，体现了民族

① 陈华洲：《思想政治教育资源论》，中国社会科学出版社 2007 年版，第 42 页。

的希望。我们要以先进模范人物为榜样，把我们的工作推向前进。”①

第三，在理论研究法、史料发掘法中，思政课教育者能够通过一定的理论研究、史料挖掘，通过对历史资源的探讨发掘，既可以寻找到红色资源的历史发展轨迹，又可以为红色资源积累新的素材，同时也使自身在学习、研究过程中受到教育，很好的提高思政课教育工作者的素养。

（3）应用为高校思政课的环境载体

社会优质教学资源中包括了物质资源也包括了精神资源，而无论是作为哪一种资源形态，它都是构成高校思想政治教育环境的重要组成部分。教育者是否善于创设和运用思想政治教育环境，将在很大程度上决定思想政治教育的成败。将优质社会教学资源应用为高校思政课的环境载体，主要包括四个方面，一是作为社会教育基地。各类博物馆、纪念馆、展览馆、烈士陵园等爱国主义教育基地，对全社会全面开放，收到了良好的社会效益。二是作为网络教育环境的主要构成要件。利用红色资源建成的各类红色教育网站，对于网络教育环境的优化大有裨益。三是作为制度与舆论环境，制定相关政策制度，并在全社会掀起继承革命传统、传承红色文化、弘扬红色精神的精神文明创建活动，无疑能促进思想政治教育精神环境的构建。四是作为具体的教育情境。任何一件具体的红色资源，比如一幅红色标语、一件红色遗物，一尊红色雕塑，都能为教育对象创造出一个身临其境、引发深思的教育情境。

二、武汉地区红色教育资源

武汉市是九省通衢的华中最大城市和中国历史文化名城，留下了无数历史文化资源。特别是近代以来，武汉是中国革命、社会主义建设和改革开放最重要的舞台之一，历史遗存的红色资源不可

① 中共中央政策研究室编：《江泽民论社会主义精神文明建设》，中央文献出版社 1999 年版，第 208 页。

胜数。

（一）以物质形态存在的优质教学资源

1. 红色历史遗存

据统计，武汉地区现有红色资源和与红色资源密切相关的遗址共149个，包括重要历史事件和重要机构旧址32个、重要历史事件和重要人物活动纪念地19个、革命领导人故居15个、烈士墓18个、纪念设施30个、毁损遗址35个。其中，比较适合高校思政课教学使用的大型革命纪念馆有9个。这些纪念馆较为集中地分布区在武昌区和江岸区，时间跨度和内容基本上涵盖了中国近现代史，其代表性和重要性在全国罕见。

（1）武汉革命博物馆

该馆位于武昌红巷13号，由武昌农民运动讲习所旧址纪念馆、毛泽东旧居纪念馆、陈潭秋烈士纪念馆和武昌起义门管理所合并(挂武昌农民运动讲习所旧址纪念馆牌子)，2000年11月正式成立。武汉革命博物馆现有藏书3000余册；照片底片资料10000余张；文字资料3000余份；复制（印）件1300余件；文物原件594件。其中一级文物10件，二级文物48件，三级文物266件。参考品273件。有毛泽东1927年撰写的《中国佃农生活举例》、农讲所编印的《规约》、学生佩带的《证章》，有周恩来、董必武、张平化、伍修权等领导人的题字、题词。有黄兴、邓演达、陈潭秋、夏明翰、包惠僧等用过的实物，均为珍贵的革命文物。

中央农民讲习所旧址是第一次国共合作时期毛泽东同志倡议创办并主持的一所培养全国农民运动干部的学校。校舍建于1904年，由四栋砖木结构的房屋组成，中间有一个大操场。农讲所旧址当初为张之洞创办的北路小学堂，是武汉市现存唯一保存完好的晚清学宫式建筑，占地面积12850平方米。

武昌农讲所以训练能领导农村革命的人才为培养目标，领导机构是常务委员会。毛泽东实际主持工作，许多著名的共产党人、国民党左派和知名人士如瞿秋白、李立三、恽代英、彭湃、方志敏、陈荫林、于树德、李汉俊、何翼人、李达等在农讲所任教。1927年6月18日，农讲所举行毕业典礼。大多数学生被委任为农民协会特派员，深入开展农民运动，犹如星星之火，燎原于神州大地。大革命失败后，他们积极投身于各地的工农武装起义，如著名的八一南昌起义、湘赣边秋收暴动、黄麻起义以及参与创建湘鄂西等革命根据地的斗争，为中国革命作出了巨大的贡献。

距农讲所200米远的都府堤41号，是毛泽东1927年主持农讲所工作并在武汉从事革命活动时的旧居，也是毛泽东、杨开慧一家最后团聚的地方。占地面积909平方米。毛泽东在这里完成了他的光辉著作——《湖南农民运动考察报告》，对中国革命产生了深远的影响。

30多年来，武昌农讲所、武昌毛泽东旧居已接待国内外观众2000多万人次，成为观众游览瞻仰的胜地，学习研究中共党史、中国大革命史，特别是农民运动史的课堂和进行爱国主义、革命传统教育的基地。

（2）中共五大开幕式旧址暨陈潭秋革命活动旧址

中共“五大”开幕式旧址暨陈潭秋革命活动旧址纪念馆位于武昌都府堤街20号。旧址原为武昌第一小学，1927年4月27日中共五大在学校小礼堂内举行了开幕式，同年5月10日，共青团“四大”也在此召开。这所学校还是中共早期在武汉的革命大本营。党的创始人之一陈潭秋及夫人徐全直曾在这里居住和工作过。陈潭秋以教书作掩护，进行革命活动，领导湖北武汉地区的革命斗争。现保存有4栋原建筑，旧址大部分建筑由武昌区教育局所用。现对外开放的有陈潭秋夫妇的住房，辟有中共“五大”会址陈列室和陈潭秋烈士早期革命活动陈列室。

（3）武昌起义门旧址

武昌起义门旧址馆位于武昌首义南路。起义门原名“中和门”，它是武昌城十大古城门之一。

1911年10月10日，武昌首义爆发后革命党占领并打开中和门，迎接城外部队入城，在城楼用大炮轰击总督府。武昌首义胜利后，中和门被誉为“首义胜利的开端”。1912年，改名起义门。但

1913年，段祺瑞任湖广总督时，又恢复了中和门原名。1926年10月10日，北伐军攻克武昌后，为拓展市区，决定拆除武昌城墙和城楼，中和门因在辛亥首义中的重要作用而得以保留下来，但中和门城楼在北洋军阀统治时期被毁，城门在解放前也濒于倒塌，仅存门洞。中华人民共和国成立后，起义门的名称得以恢复。现起义门高7.1米，宽5米。城楼分为上下两层，建筑面积约为280平方米。城楼为重檐歇山顶式仿木结构。楼额上刻有“起义门”三字，是叶剑英元帅1981年在80多岁高龄时所题。

（4）八七会议会址

八七会议会址位于湖北省武汉市汉口鄱阳街139号。会址为一栋三层的西式楼房，建于1920年，八七会议会址于1978年恢复原貌，建立纪念馆对外开放。会址一楼为反映八七会议历史的辅助陈列，用大量珍贵文物、图片和史料展现会议的历史及其地位作用，二楼复原了当年的会场。建馆二十多年来，纪念馆广泛收集文物资料，深入开展学术研究，不断修改完善基本陈列。纪念馆现藏有八七会议记录、邓小平、李维汉回忆八七会议的手迹等一千余件文物资料。

1927年8月7日，中共中央在汉口三教街41号（今鄱阳街139号）召开了紧急会议，确定了土地革命和武装反抗国民党反动派屠杀政策的总方针。展览展出的300多件文物、照片和珍贵历史资料，再现了八七会议的历史，讴歌我党不畏艰险、力挽狂澜、挽救中国革命于危难之中的光辉历史，毛泽东于此提出“枪杆子里面出政权”的论断。

该会址已成为武汉地区重要的红色旅游资源，现已成为对广大人民群众进行爱国主义教育的重要阵地和对未成年人进行教育的重要课堂。

（5）新四军军部旧址

汉口胜利街332—352号（原汉口大和街），是新四军军部诞生地。旧址原为日本侨民住宅。抗战爆发后，日本侨民回国，房产作为逆产没收。1937年7月7日卢沟桥事变，抗日战争全面爆发。为了抗击日本帝国主义的侵略，中国共产党同国民党谈判达成协议，于8月将红军主力改编为国民革命军第八路军（简称八路军），10月将在江西、福建、广东、湖南、湖北、河南、浙江、安徽等八省坚持游击战争的红军和游击队，集中整编为国民革命军陆军新编第四军（简称新四军）。

新四军下辖四个支队，一个特务营，共计1.03万余人。军长叶挺，副军长项英，参谋长张云逸，副参谋长周子昆，政治部主任袁国平，副主任邓子恢。11月12日，经中共中央同意，叶挺开始在武汉正式组建新四军军部，12月25日，叶挺、项英召开在汉新四军领导干部会议，新四军军部在汉口成立。

为迅速完成新四军组建工作，汉口新四军军部做了大量工作。同国民党当局谈判，解决了新四军各支队集中整编、干部任命、隶属关系和后勤给养问题；确定了红军游击队的集中整编办法；确定了组建的新四军的作战部署；多方筹集款项、武器、物资、补充新四军给养供应的不足。

1938年1月4日，为指挥部队迅速开赴敌后，开展抗日游击战争，项英率军部大部分人员离汉去南昌，叶挺仍留在武汉继续处理有关事宜。1月下旬，叶挺离开武汉赴南昌。1月28、29日，《新华日报》头版刊登《陆军新编第四军司令部启示》："本军奉命即行整编出发，军部当即移驻南昌。前汉口大和街26号军部即行结束。以后驻汉办事处事宜，委托八路军驻汉办事处钱处长代办。"

（6）八路军武汉办事处旧址

八路军武汉办事处旧址纪念馆位于武汉市江岸区长春街57号，属纪念性博物馆，隶属武汉市文化局。馆内复原了周恩来、董必武、叶剑英等领导人的办公室、卧室及其办公用房。纪念馆旧址原为日商大石洋行，是一幢日式建筑，砖混结构，占地面积1776.96平方米，建筑面积2252.6平方米。1938年10月25日，武汉失守，八路军武汉办事处工作人员全部撤离。原建筑于1944年日军占领期间被美国飞机炸毁，1978年在原址按原貌重建，1979年3月5日正式对外开放。叶剑英为纪念馆题写馆名。旧址被列为第七批全国重点文物保护单位。纪念馆自建馆以来，充分利用革命遗址、纪念建筑、革命文物、史料，积极开展爱国主义和革命传统教育活动。

八路军武汉办事处是抗日战争初期中国共产党在国民党管辖区内设立的一个公开办事机构。1978 年重新修复旧址，建立八路军武汉办事处旧址纪念馆，1979 年 3 月 5 日对外开放，叶剑英题写馆名，为湖北省文物保护单位和爱国主义教育基地。

1937 年 7 月 7 日，抗日战争爆发。由于中国共产党的努力和全国人民的强烈要求，蒋介石被迫抗战，国共两党实现了第二次合作。我北方红军主力改编为国民革命军第八路军（即第十八集团军），南方红军游击队改编为国民革命军陆军新编第四军（简称新四军）。为了领导和推动伟大的抗日战争，我党在国民党管辖区建立了公开的办事机构——八路军办事处和新四军办事处。

1937 年 9 月，中共中央派董必武到武汉筹备八路军武汉办事处。1937 年 10 月，八路军武汉办事处在汉口安仁里一号成立，李涛同志任处长。12 月，南京失陷后，国民党政府的一些重要部门迁到武汉，各民主党派领袖、社会名流、文化界人士，全国著名抗日救亡团体也都云集武汉，武汉成为当时全国政治、军事、文化的中心。这时，原八路军南京办事处工作人员也随着转移到武汉，参加武汉办事处的工作，并正式成立第十八集团军驻武汉办事处（通称“八路军办事处”）。办事处迁到旧日本租界中街 89 号（现址），中共中央长江局成立后，其机关也设在办事处内。1938 年元月，新四军军部迁往南昌后，由八路军武汉办事处代办新四军驻汉办事处的一切工作。这时的武汉办事处，对外作为我军驻在国民党临时首都的公开机构，但实际上是我党在国民党统治区领导和联络的中枢。

八路军武汉办事处积极为八路军、新四军筹备军饷和各种军需物资，开展宣传工作，动员人民群众，参加了抗日战争，输送了大批爱国青年赴延安和抗日前线，并热情接待了国内外各界人士，阐明我党抗日主张，广泛开展抗日民族统一战线活动，为争取抗日战争的胜利，作出了重要贡献。

1937 年 12 月中旬，当时担任中共中央政治局委员、中央书记处书记、中央军委副主席的周恩来从延安来到这里，主管军事和统战工作，并以中共代表的身份从事各项活动。周恩来还在国民政府中任军事委员会政治部副部长。在这里工作的还有董必武、秦邦宪(博古)、叶剑英、李克农、邓颖超、罗炳辉等。

（7）京汉铁路工会旧址纪念馆

京汉铁路总工会旧址位于武汉市汉口解放大道2185号。该馆址是1923年2月3—7日京汉铁路总工会的秘密办公处，林祥谦等人在此领导了震惊中外的二七大罢工，现被公布为湖北省文物保护单位。1980年8月，武汉市文物管理处从住户中收回产权，按原貌修缮，并举办陈列，于1981年2月7日正式对外开放。旧址坐东朝西，是一座旧式砖木结构的普通院落式民房，共有房间十间，中间有一天井，占地204平方米，建筑面积106平方米。其中复原了京汉铁路总工会秘密办公处，举办有反映二七大罢工的小型辅助陈列，展品30余件。

1922年，京汉铁路沿线工人在中国共产党的领导下，展开反对帝国主义和封建军阀的斗争，先后成立了工人俱乐部（后改为分工会)。1923年2月1日，16个分工会的3万名工人在郑州召开京汉铁路总工会成立大会，遭到封建军阀吴佩孚的阻挠和破坏，总工会决定举行全路总同盟大罢工。2月3日，总工会由郑州秘密迁移至此，领导铁路工人的罢工斗争。就是在这间房屋里，总工会领导人起草了《特别紧要启事》《罢工宣言》《警告本路司员》《敬告旅客》等文件、传单，向武汉人民乃至全国人民宣传京汉铁路工人罢工的原因和目的。

1923年2月4日上午，林祥谦在这里下达了罢工命令，江岸机厂（现江岸车辆厂）锅炉工黄正兴接到命令后，用他那有力的双手，紧紧握住三管汽笛拉杆，奋力拉响了指挥罢工的汽笛。顿时，工人熄炉灭火，关闸刹车，停电放水。三小时之内，京汉铁路全线客车、军车、货车一律停驶。震惊中外的京汉铁路工人大罢工爆发了。

为了揭露敌人，及时报道罢工消息，加强联系，在中共武汉区委的帮助下，京汉铁路总工会在这里创办了油印小报《罢工月刊》

（“二七”惨案发生后停止）。下午，惨案发生前参加最后谈判的工人代表就聚集在这间屋里共商大计，从这间屋子里，他们悲壮地出征了，几小时后，不少人就倒在军阀的枪口、刀尖下。

为了教育后代，保护好这处重要的革命旧址，湖北省人民委员会于1956年11月将它列为省级文物保护单位。1980年按照原貌进行了维修。1995年解放大道拓宽后整体迁移至此，使这里成为广大人民群众、青少年学生进行爱国主义、革命传统教育的课堂。

（8）中国共产党第五次全国代表大会会址纪念馆

中国共产党第五次全国代表大会会址纪念馆位于“中国第一红街”——武汉市武昌区都府堤20号，也是中共创始人之一毛泽东、陈潭秋早期革命活动旧址，会址原为1918年创办的国立武昌高等师范学校附属小学。

中国共产党第五次全国代表大会于1927年4月27日至5月9日在这里召开，出席大会的代表有陈独秀、瞿秋白、蔡和森、李维汉、毛泽东、张国焘、李立三等82人，代表全国57967名党员。共产国际代表罗易、鲍罗廷、维经斯基等也出席了大会。同年5月10日，中国共产主义青年团四大亦在此召开。中共五大会址纪念馆2006年开始筹建，2007年11月，纪念馆建成开放。2013年中国共产党第五次全国代表大会旧址入选第七批全国重点文物保护单位。

纪念馆占地面积7900平方米，7幢建筑物呈“回”字形，均为砖木结构，建设规模为国内党代会纪念馆之最，中共五大开幕式会场已按照原貌进行复原。纪念馆内，除了一幢两层建筑楼被用作“五大会议历史陈列”外，还专门开设有“中国共产党反腐倡廉历程展”。该展览面积近600平方米，收录了400多幅珍贵图片以及30多件实物。

中共五大会址纪念馆现有：中共五大开幕式会场，陈潭秋夫妇卧室，陈潭秋任教、伍修权上课的教室，武昌第一小学传达室和古井五个复原陈列和“中共五大历史陈列”“陈潭秋在武汉”“武汉走出的革命家、军事家、外交家——伍修权”“中国共产党反腐倡廉历程展”四个基本陈列。“中共五大历史陈列”通过了中央党史研究室的审查批准。展览由“高潮与危机”“贡献与局限”“应变与转折”三大展区组成。展览除丰富的文物和历史照片外还借助汽雾屏、电子翻书、幻影成像、人物蜡像等多种科技、艺术的手段，再现了中共五大召开的历史背景，会议经过和影响，陈列体现了党史界对五大研究的最新成果，受到中央党史研究室领导和专家的高度评价。

中共五大的召开处于特殊的历史时期：1924 年国民党一大开启国共合作，大革命在全国轰轰烈烈地展开。但 1925 年孙中山病逝之后，国共合作的局面逐渐被破坏。1927 年，蒋介石集团发动了四一二反革命政变、武汉汪精卫集团日趋反动。

“五大”虽没能完成从危难中挽救革命的使命，但却是幼年中国共产党探索中国革命道路艰难历程中的一个重要环节，在党的历史上首次选举产生了中纪委的前身——中央监察委员会。此外，“五大”在历史上创造了多个第一：第一时间宣布蒋介石实行的是法西斯统治；第一次提出要争夺对民主革命的领导权；产生了党的第一个解决农民土地问题的文献；第一次强调在南方坚持和发展革命根据地；第一次将“民主集中制”原则写入党章；第一次邀请国民党代表团参加中共的全国代表大会等。因而，具有重要的爱国主义教育意义。

(9) 武汉中央军事政治学校旧址

武汉中央军事政治学校旧址位于武昌区解放路 259 号，即现湖北武昌实验小学院内，是原清“两湖书院”地域，1889 年，湖广总督张之洞在此开设了两湖书院。书院每年招收 240 名学生，湖南、湖北各 100 名，茶商子弟 40 名，开设经济学、史学、兴学、算学等。两湖书院为当时全国少有的高水准学校，一代名流如杨守敬、姚晋圻、汪康年、华衡芳、沈勇植等在此任教。1926 年 10 月，北伐军光复武汉。为迎接革命大发展，满足政治、军事人才的需要，国民党中央先决定设政治训练班，后改办中央军事政治学校（黄埔军校）政治科。

1927 年 1 月 19 日改名为中央军事政治学校（黄埔军校）武汉分校，仍由蒋介石担任校长。恽代英任总政治教官，兰腾蛟任总军事教官。2月12日正式开学，宋庆龄、孙科、吴玉章、董必武等出席开学典礼。3月10日，国民党二届三中全会决定，改校长制为委员制，由谭延闿、邓演达、恽代英3人组成常委，恽代英主持日常工作。3月22日，鉴于国民党中央和国民政府已迁至武汉，决定将分校正名为中央军事政治学校，取消了分校名称。同年，汪精卫策动“七一五”反动事变后，武汉形势骤变。大部分学生编入国民革命军四方面军第二集团军军官教导团，成为南昌起义、广州起义等武装起义的重要力量。

武汉中央军事政治学校是大革命时期（第一次国共合作），国共两党为培养国民革命人才而合力创办的高等军事院校，隶属于国民党中央军事委员会。旧址占地面积1.4万平方米。建筑尚存三栋砖木结构平房。

1936年出版的《中央陆军军官学校史稿》称：“武汉分校规模之宏大不亚于黄埔该校，有男女学生及入伍生6000余人，实为中国腹部武装革命势力之大本营。”武汉中央军事政治学校是我国历史上第一所招收女生的军校，李淑宁（赵一曼）、曾宪植、张瑞华、黄杰、谢冰莹、胡筠、黄静汶等都是该校学生。武汉中央军事政治学校的历史不长，却培养了一批坚定的革命人才，罗瑞卿、许光达、程子华、陈伯钧、钱瑛、危拱之、王亦侠、宋绮云、彭镜秋、臧克家等，都是从这里走上了革命道路。

(10) 中山舰博物馆

武汉中山舰博物馆坐落于武汉市江夏区金口街的中山舰旅游区核心景区，总规划面积3.3平方公里。馆内常设有三大基本陈列：《中山舰复原陈列》《一代名舰——中山舰史迹陈列》及《中山舰出水文物精品陈列》。博物馆有藏品五千余件，主要来源是随舰出水文物和社会征集文物。其中一级文物60件套，珍贵文物1716件套。文物藏品时间跨度长（最早为1887年清朝制造的炮弹），地缘广泛（包含民族工业品和西方列强用品），历史名人遗物众多（如孙中山、蒋介石、汪精卫、萨镇冰等）。藏品涉及历史、政治、军事、经济、社会生活等各个方面，不仅特色鲜明，而且其文物价值独具魅力。

中山舰原名永丰舰，它是以革命先驱孙中山先生的名字命名的中国近现代史上的一代名舰。1910 年，由当时的清政府向日本三菱造船厂订购。1912 年，永丰舰下水试航。1913 年元月，加入北洋海军第一舰队。1922 年 6 月，孙中山先生在“广州蒙难”期间登临永丰舰，指挥平叛斗争长达 50 余天。1925 年 3 月，因孙中山先生去世，为纪念一代伟人将永丰舰易名为中山舰。1938 年 10 月，抗日战争“武汉会战”中被日机在长江金口水域炸沉。中山舰自加入中国海军以来，先后经历了“护国运动”“护法运动”“孙中山广州蒙难事件”“中山舰事件”“武汉保卫战”五大历史事件。它是中国近现代史，特别是国民革命史上重要的历史见证物。1997 年元月，在湖北省政府主持下，中山舰在武汉被整体打捞出水。1999 年 11 月，在原湖北船厂内开始了中山舰的修复和保护工程。1999 年 12 月，武汉市中山舰博物馆成立。2001 年 12 月，举行了中山舰修复保护工程竣工仪式。恢复了它在 1925 年永丰舰易名为中山舰时的历史原貌，保留了 1938 年“武汉保卫战”中被日机炸沉的历史痕迹。

三、武汉地区现代化建设标志性成就

在社会主义建设时期，武汉走在时代的前列。武汉钢铁公司、武汉造船厂、武汉锅炉厂、武汉重型机械厂等“武”字头的大型国企，承担起共和国的脊梁。进入改革开放新时期，武汉又是勇立潮头，先后建立武汉经济技术开发区、东湖高新技术开发区（国家自主创新示范区）和武汉临空港经济技术开发区等三个国家级开发区，其成为武汉经济发展最重要的引擎。与此同时，武汉在社区和新农村建设方面，也走在全国前列。江岸区百步亭社区成为全国社区建设的样板。东西湖区石榴红村的新农村发展模式也在全国产生一定影响。

（一）“武”字头大型国企

张之洞督鄂期间，实施新政，大兴工业，使地处内陆深处的武汉一举闻名。新中国成立后，国家在汉重点投资建设了一批重工业企业——武钢、武重、武锅、武船等响当当的“武字头”企业。在社会主义建设时期，武汉又走在时代的前列。武汉钢铁公司、武汉造船厂、武汉锅炉厂、武汉重型机械厂等“武”字头的大型国企，承担起共和国的脊梁。

125年前，张之洞在武汉倡办实业，奠定其现代工业基础，武汉一度成为内陆最大工业城市。新中国成立后，国家在汉重点投资建设了一批重工业企业，武钢、武重、武锅、武船等响当当的“武字头”企业，让武汉成为了中国举足轻重的重工业基地。从1959年一直到改革开放初期，武汉的工业总产值仅次于上海、北京、天津，位居全国第四位。至此，“武字头”成为一个响彻神州的称谓。

但在20世纪90年代，“武字头”因为不适应从计划经济到市场经济的转变，一度黯然失色。一些老员工谈起困难时期的“武字头”企业，不是痛心疾首，就是泪流满面。

如何扭转颓势？痛定思痛，“武字头”大力推进国企改革，破冰远行。沉厚的重工业基础，一旦与先进的科技、资本市场结合，便开始产生惊人的“裂变”。1999年，武钢股份在上海证券交易所挂牌上市；2008年，武汉鼓风机厂华丽转身，成为美国纳斯达克上市企业；2012年9月，长动集团正式“改名换姓”，嫁入“豪门”。

动则变，历经半世纪的“武字头”企业，不断追求、不断发展，演绎着它的无限动能。

（二）国家级经济技术开发区

进入改革开放新时期，武汉又是勇立潮头，先后建立武汉经济技术开发区、东湖高新技术开发区（国家自主创新示范区）和武汉临空港经济技术开发区三个国家级开发区，其成为武汉经济发展最重要的引擎。

1. 武汉经济技术开发区

武汉经济技术开发区始建于1991年，1993年4月经国务院批准为国家级经济技术开发区，2000 年 4 月，国务院批准同意在开发区内设立武汉出口加工区。经过五次托管扩容（1996 年托管蔡甸区沌阳、沌口两街；2006 年托管蔡甸区军山街；2010 年托管汉阳区 10 平方公里共建区；2014 年整体托管武汉汉南区；2014 年 4 月经济托管洪湖新滩新区，2014 年 12 月整体托管汉南区），开发区目前规划控制面积 489.7 平方公里。开发区位于武汉市西南，长江以北，东经 114 度 9 分，北纬 30 度 29 分，濒临长江，地处市区武汉三环线和武汉外环线之间。开发区发展腹地广阔，区位优势明显。2014 年，工业产值突破 5000 亿元。距离市中心及汉口火车站、武昌火车站约 30 分钟路程，距武汉天河国际机场约 40 分钟路程。开发区实行“小政府、大社会”的管理体制，工委、管委会代表武汉市委、市政府统一管理开发区各项社会经济事务，为武汉市的独立辖区。

2. 武汉东湖新技术产业开发区

武汉东湖新技术产业开发区位于武汉市东南部洪山区，江夏区境内。在武汉东湖、南湖、汤逊湖、牛山湖之间，东起武汉外环以东左岭镇，西至民院路，北接东湖，南临汤逊湖，面积 518.06 平方公里，常住人口 190.6 万（2012 年）。由关东光电子产业园、关南生物医药产业园、汤逊湖大学科技园、光谷软件园、武汉软件新城，佛祖岭产业园、机电产业园、光谷生物城等园区组成。北部科研院所、大专院校群是其科技与产业依托的重要基础，又称中国光谷。东湖新技术开发区内高等院校林立，有武汉大学、华中科技大学、中南财经政法大学、华中农业大学，武汉理工大学、武汉科技大学、中国地质大学（武汉）、华中师范大学、中南民族大学、武汉工程大学、湖北工业大学、武汉纺织大学、湖北中医药大学、文华学院、汉口学院、湖北第二师范学院、武汉体育学院、武汉职业技术学院、武汉软件工程职业学院等 58 所高等院校，100 万名在校大学生；科研机构众多，有中科院武汉分院、武汉邮电科学研究院等 71 个国家级科研院所。2016 年 5 月，被国务院确立为大众创业万众创新示范基地。

3. 武汉临空港经济技术开发区

武汉临空港经济技术开发区原名武汉吴家山经济技术开发区，是湖北省首个发展临空经济的国家级功能区。东西湖区于1992年创办吴家山开发区，市政府次年批准设立武汉吴家山台商投资区；2000年，吴家山开发区升为省级经济开发区；2010年，这个经济开发区跻身国家级经济技术开发区。武汉临空港经济技术开发区要发挥临空港资源优势，更加突出产业定位，加快转变经济发展方式，不断提升发展质量和水平。开发区已完成连接东西湖南北的新径公路，启动连接天河机场与该区慈天公路的跨府河大桥建设，实现大临空经济板块的“区区联动”。

（三）新型社区和社会主义新农村

武汉在社区和新农村建设方面，也走在全国前列。江岸区百步亭社区成为全国社区建设的样板。东西湖区石榴红村的新农村发展模式也在全国产生一定影响。这些都是社会主义建设和改革开放取得的重大成就，是社会主义制度的生命力和创造力的集中体现，是对大学生进行思想政治教育的生动教材。

1. 全国样板社区——百步亭社区

百步亭社区位于湖北省武汉市江岸区，占地4平方公里，入住13万人。是全国文明社区示范点、全国和谐社区建设示范社区，被评为全国文化先进社区，是荣获首届“中国人居环境范例奖”的唯一社区。百步亭社区坚持“以人为本、以德为魂、以文为美、以和为贵”的核心理念，坚持科学发展观，创建了一个具有中国特色的和谐社区。百步亭社区实现了管理服务完善、治安秩序良好、生态环境优美、人际关系亲密、社会风尚文明、群众安居乐业和新型社区的可持续发展。

居民入住十年来，没有一户居民家中被盗、没有一辆自行车被偷、没有一起刑事案件、没有一起交通事故、没有一桩大的邻里纠纷、没有一个越级上访、没有一起黄赌毒、没有一起未成年人犯罪、没有一起火灾。

这十个“没有”，不是出现在几百户居民的里弄，而是出现在上万户居民的大型社区，简直让人难以相信。然而这是居民公认的事实。有的老太太说，有时上街买菜忘记锁门，家里从未丢过东西。有位记者前来采访，自行车没上锁，扔在路旁，采访半天，自行车仍在原地放着。多年来“路不拾遗，夜不闭户”的憧憬，在这里已成为活生生的现实。

走进这个社区，到处都是草坪、树木、花卉，仿佛进入一个花园。在这个花园式的社区漫步，看不到一个烟头、一片纸屑、一块果皮。实现了“十无”：无违章搭盖、无开窗设点、无占道经营、无油烟扰民、无泥巴路、无牛皮癣、无居民摘花踩草、无烟头、无纸屑、无果皮。从扶拐行走的老人到蹒跚学步的孩童，都珍惜社区的一草一木，自觉地维护整洁的环境。

瓜子壳会放在塑料袋里，烟头会丢在垃圾箱中。满树香柚看民风，社区300多棵柚子树挂果的时候，金黄的柚子果惹人馋，却没有一人去采摘。在这个社区，维护整洁已成为居民的良好习惯。社区组织800多名居民到风景区旅游，在野外用餐，餐毕没留下一片纸屑，来这里参观的人无不赞叹地说：百步亭社区环境美，人的行为更美。

这个社区的居民，从事的岗位不同，生活水平不同，大家互相关心，亲密无间。一家有困难，大家伸出援助之手。坚持“居民永远都不错，我们永远有不足”的服务理念，实施“亲情管理、用心服务、从小事做起、从好事做起”的服务宗旨，建立了一套完整的服务网络体系。服务做到“三全”：全方位、全天候、全过程，服务过程不说“不”字。从就业到医疗保健，从文化教育到家庭生活，从婚姻介绍、婚礼操办、小孩接生、幼儿教育到养老百年等24小时都提供周到的服务。

设立热线电话和信访中心，做到小事不过夜，大事不过天，件件有记录，事事有回音。每年接待信访一万多次，回访率100%，处理率99%以上，解决了包括居民出门忘带钥匙、夫妻吵架、半夜小狗噪声扰人等问题，老百姓的吃喝拉撒睡都管到了。在这个社区，200 多人的“关爱小组”与特困家庭结成对子，400 多人的“温馨姐妹”关照空巢老人助人为乐，互帮互助，扶贫济困，已成人们崇高的美德。茅永红郑重地宣布：“在百步亭不能有一户家庭吃不上饭，有一个孩子上不起学。”几乎所有的困难家庭都受到关爱，到处都洋溢着和谐的氛围。

2. 社会主义新农村——武汉石榴红村

武汉石榴红村（世林庄园）———东西湖区北依 107 国道、汉渝铁路，东邻京珠高速，南接汉水，交通方便。这里有碧波荡漾的汉水蜿蜒流淌，两岸碧树成林，绿草满坡，水鸟翔集，堤在景中，滩在园中；这里有粉壁，黛瓦，飞檐，马头墙，一栋栋古朴典雅的徽派民居，尽显楚韵徽派的古朴祥和；这里有叶绿花红的蔬果，四季飘香，展示清润迷人的绰约风姿；这里有勤劳创新的人民，沐浴着新农村建设的春风、踏着时代的脚步、承载着领导的关怀和各界朋友的关心支持，实现了生产发展、生活宽裕、村容整洁、乡风文明、管理民主，将向更高的目标大踏步迈进。

（四）以精神形式存在的优质资源

1. “敢为人先、追求卓越”的武汉城市精神

近代以来，武汉是中国革命、社会主义建设和改革开放最重要的舞台之一。在革命和建设的历史实践中，武汉这个城市也凝练出了自身的城市精神。“城市精神是城市的价值追求和精神支柱，是城市的灵魂和名片，是城市综合竞争力的核心力量。”①2011 年 12 月中共武汉市第十二次代表大会上确认和提出将“敢为人先、追求卓越”作为武汉精神的表述语。武汉精神，作为经历了中国革命、建设和改革开放的实践并从中凝结出的历史和时代文化的精粹，也必然成为高校思政课社会优质教学资源的重要

---

① 方世南、田芝健：《城市精神是城市的价值追求和精神支柱》，载《南京工业大学学报》（社会科学版）2004 年第 2 期。

组成部分。

正如人类所有的文化精粹一样，武汉精神也经历了从无到有、从萌发到形成并进而成熟的过程。从3500多年前的盘龙城一路走来，武汉这座在神州大地上“得中独厚”的城市秉承楚文化“筚路蓝缕，以启山林”的遗风，抒写了历史的华丽篇章，生发凝结了特有的武汉精神。而在中国不同的历史时期，“敢为人先、追求卓越”的武汉城市精神也体现为不同的形式。在中国革命时期“敢为人先、追求卓越”集中体现为“敢为天下先”的“首义精神”、在社会主义建设和改革开放的现代化进程中“敢为人先、追求卓越”又转化为在抗击自然灾害面前“众志成城、万众一心”的“九八抗洪精神”和在复兴“大武汉”中的“追求卓越、引领潮头”的共同愿景。

2. 首义精神——武汉精神的历史根脉

在20世纪初叶湖北革命运动中形成的首义精神，是湖北近代史上最光辉的一页——武昌首义成功的重要原因，也是首义文化的重要组成部分。首义精神，是指从湖北革命运动兴起到武昌起义爆发和湖北军政府建立至中华民国成立前夕这一全过程中，湖北革命党人形成的思想意识、思维活动和一般心理状态。① 它主要包括了为天下先的创新精神、不竞声华的实干精神、振兴乡邦的爱国精神、通力协作的团体精神和不计生死的牺牲精神。首义精神，是武昌首义成功的重要原因，也是首义文化的重要组成部分。首义精神主要包括了为天下先的创新精神、不竞声华的实干精神、振兴乡邦的爱国精神、通力协作的团体精神和不计生死的牺牲精神等内容。与物质财富一样，前人留下的精神财富同样是馈赠给我们的宝贵遗产，首义精神就是这样一种精神遗产。借鉴、继承和弘扬前人的精神遗产，并把它与人们所处的时代有机结合起来，是推动社会历史进步的必由之路。

① 黄春华、王强：《论首义精神》，载《江汉论坛》2001年第3期。

3. “九八”抗洪精神

一个城市的城市精神实质上是全体市民的精神家园，它具有强大地凝聚人心和价值导向的作用。城市精神是一个城市的人民的价值和共识和心理共识，它就像一条纽带，把一个城市的市民凝聚在一起，为城市的发展贡献力量。尤其是当一个城市遇到灾难时，城市精神会迸发出巨大的力量，把城市的人民团结到一起，共同应对灾难。例如武汉的“九八抗洪”，武汉人民团结一心，表现出大无畏的斗争精神，共渡难关，谱写出一曲动人的篇章。同时，城市精神一旦形成，人们会以共同的价值取向规范自己的行为，这些，城市精神又会对市民的生活和行为方式起到价值导向和规范作用。

4. “追求卓越、引领潮头”的共同愿景

武汉人民耳熟能详的武昌起义，使辛亥首义之城由原来的区域政治、文化中心，发展成为与北京、上海相提并论的全国性重要城市。在改革开放的新时期，武汉人敢为人先的精神再次迸发，并进一步延伸开来，体现出追求卓越的个性风貌，为武汉发展增添了新的动力。武汉市于 1984 年 5 月被中央批准为经济体制综合改革试点城市，实行计划单列；1992 年 7 月，武汉市被国务院批准为沿江对外开放城市，成为中国多功能特大城市之一；2007 年 12 月，武汉城市圈正式获批国家“两型社会”建设综合配套改革试验区，2009 年 12 月，国务院批复武汉东湖高新区建设国家自主创新示范区。此间，武汉树立了多个“全国第一”的改革标竿，为外界所称道。通过对武汉精神的宣传和提炼，武汉人对武汉精神铸造过去、启迪当下、昭示未来的文化认知更加自觉。

四、武汉地区高校思政课优质道德资源

道德资源是指有助于个体道德养成的社会资源，其是进行道德建设、开展道德教育的重要素材。增强高校思想政治理论课的实效性，要求思想政治理论课教学必须联系社会现实，既注重依事说理

的方法，更注重紧跟时代发展。当前亟须开发运用我国当今时代的优质道德资源。

（一）当代优质道德资源的界定及其特性

1. 当代优质道德资源的内涵和界定

深入理解和科学把握当代优质道德资源的内涵，是有效运用当代优质道德资源开展高校思想政治理论课教学的基础和前提。当前学界对于道德资源的理解有两个层面的含义：一是指人类道德本身就是一种宝贵的社会资源，可称其为道德的资源性，它是以德治国的理论基础；二是指有助于个体道德养成的社会资源，特指道德模范人物及其事迹等，可以称为道德的资源，它是我们在全社会进行道德建设、开展道德教育的重要素材。拙著所指的道德资源属于后者。

2005 年，《中共中央宣传部关于进一步加强和改进高等学校思想政治理论课的意见》指出，“要充分发挥教师的主导作用，提高马克思主义理论的说服力和感染力”；“思想政治理论课的讲授不能照本宣科，不能无穷无尽地解剖理论的结构层次。在提出理性结论之后，就应该运用典型的事实帮助学生充分消化这些理性的结论。甚至可以从典型的事实入手，经过分析和归纳，最后导引出理性的结论。这样才能把所讲授的道理讲活，达到良好的教学效果”①。高校思想政治理论课如果仅仅偏重于理论说教，就会使自身处于“无根”和“悬空”的状态。“无根”即远离生活，没有生长点。“悬空”即从理论到理论，悬于理论的空中，无鲜活教育素材。高校思想政治理论课应当使一切能够进入课堂、能够与教学活动联系起来的教育资源充分活跃起来，使课程教学拥有坚实的实践基础，从而提高课程教学的实效性、针对性和感染力。

正是基于这种特点和要求，近年来有关如何将社会道德资源转

① http://old.moe.gov.cn/publicfiles/business/html/files/moe/moe_772/201001/xxgk_80414.html.

化为高校思想政治理论课教学素材的探讨也成为热点，并取得了一定成效。但是，这些研究往往过于拘泥于传统的人物和滞后性事例，缺乏时代感和鲜活性，对当代大学生的感染力和说服力不足。不可否认，我国传统的道德人物和事例蕴含着巨大的当代价值和现实意义。但这些传统道德资源在今天的时代条件下和社会环境中显得不足，适应能力不够。中华人民共和国建国以后，曾涌现出的道德模范人物及其先进事迹鼓舞鞭策了一代又一代人，对社会主义道德建设发挥了巨大的精神引领作用。但是当今时代，各种社会思潮此起彼伏，人们的思想观念和价值取向多元、多样和多变。人们开始对那些“高大全”式的道德模范敬而远之。这种情况也发生在当今“95后”大学生身上。当今“95后”大学生更倾向于学习、模仿当今社会中鲜活的、具有时代感和朴实性的典型道德人物，更热衷于既源于传统、又具有当今时代特征的典型道德事件，尤其是那些发生在自己身边的生动热点人物及社会事件。

所以，当代优质道德资源具体是指：在当今时代，尤其是进入21世纪以来，涌现出来的道德模范人物及其事迹等可以开发运用来加强大学生思想政治教育的各种优质社会资源的总和。当代优质道德资源体现了我国社会主义道德建设的新成就，反映了我国社会主义道德的时代特征以及现代文明观念。高校思想政治理论课教学实效性的提高，需要当代优质道德资源的有力支撑，才能真正增强课程教学的时代性、说服力和感染力。

2. 当代优质道德资源的特性

当代优质道德资源作为一种社会优质教育资源，具有多方面的特性，主要表现为：

一是先进性。先进是先行、先导、先锋的意思。先进性是当代优质道德资源的核心要求和根本特征。依据马克思主义的唯物主义观点，道德模范首先是社会的具体的人，具有人的一般特性，是人的自然性和社会性的统一体。但道德模范又不是一般的普通人，在其思想道德境界方面，具有领先于普通人的精神特质。当今时代的道德模范，来自各行各业，从各条战线上涌现出来，他们虽然来自不同的岗位、职业，但其崇高的精神境界和道德修养，都诠释了社会主义核心价值观的本质要求。道德模范是一定历史阶段道德理想的载体，是道德实践的最高阶段。他们追求真善美，他们的事迹体现了民族精神和时代精神，体现社会核心道德要求，代表着先进价值的前进方向。他们具有先进的思想、先进的理念、先进的道德、先进的品质、先进的价值，他们追求崇高的道德理想。他们比一般人具有更炽烈的高尚道德情感、更坚定的道德意志，更让人敬重的道德行为。

二是时代性。每个时代有每个时代的英雄，每个时代都有各自的道德规范、道德要求。时代性是当代优质道德资源最鲜明的特征之一，背离了时代的要求，就失去了成为道德模范的基础。实践证明，只有具有鲜明时代特色和反映时代精神的人物才有可能成为人们争先效仿的榜样。时代性是以政治、经济、文化等状况为依据而划分的特定历史时期所表现出的共同的本质特征。人总是生活在某一个社会发展阶段，不能脱离或超越其所处的社会发展阶段而独立存在，每个社会阶段都有其与众不同的特征，即不同社会发展阶段的人受当时社会的经济、政治、文化等条件的制约和影响，从而在思想、道德、观念等方面表现出不同的特征。道德模范是生活于一定历史时期中的现实的人，其思想、道德、观念、行为都要受到当时社会政治经济文化的影响，他们身上的高尚精神反映了时代精神和时代特征。随着社会的发展，社会要求的道德原则和规范，也在不断的变化、发展。每个道德模范所处时代的历史环境提出了各自要解决的人生观、道德观的基本问题和突出问题，从而从根本上规定了道德模范成长的价值取向，给道德模范提出了鲜明的时代要求，反映在他们身上的道德精神也就具有了鲜明的时代性。不同时期都有不同的道德模范涌现。中华人民共和国成立之初，出现了体现工人阶级强烈的主人翁责任感和艰苦创业、勤俭节约的“孟泰精神”；社会主义建设时期的“大庆精神”体现了工人阶级为国争光、为民族争气的爱国主义精神，独立自主、自力更生的艰苦创业精神，胸怀全局、为国分忧的奉献精神；改革开放后，孔繁森、徐虎、李素丽等模范人物的先进事迹，体现了解放思想、实事求是、紧跟时代、务求实效、无私奉献的为社会主义现代化事业不懈奋斗的时代精神。见义勇为的英雄徐洪刚，自学成材、身残志不残的时代青年楷模张海迪、用双手托举生命的”最美妈妈”吴菊萍、妻债夫还的李郁林、索道医生邓前堆等，他们都用自己的行为践行着时代的要求，他们身上体现的精神都闪烁着时代的光辉。

三是民族性。不同的民族有着不同的生活习惯和民族特性，形成了各个国家不同的公民精神风貌。公民道德意识的民族性是民族自身历史传统、文化风格、民族心理和民族精神综合的伦理特色。一个民族的道德模范精神的生成植根于它所在民族的历史文化之中，具有鲜明的民族特色。不管是我国奴隶社会的道德模范精神还是封建社会的道德模范精神以及社会主义社会的模范精神都有我国中华民族的独特特点，具有很强的民族性。

四是大众性。道德模范精神的大众性是指道德模范精神是社会基本道德规范、准则和社会倡导的社会价值观的体现，具有可接受性和推广性。道德模范都是从平凡生活中评选出来的再普通不过的普通百姓，他们就在我们身边，是我们的邻居、同事、同学，是看得见、信得过、学得到的平民英雄。他们身上所体现的爱国爱民、自强不息、奉献服务等精神是我国社会主义道德规范的基本要求，为人们遵守和践行社会基本道德规范做出了榜样，道德模范可以这样做，我们也可以这样做，拉近了普通人与道德模范的距离，具有可学性和可接受性。道德模范精神是道德模范助人为乐、见义勇为、诚实守信、敬业奉献和孝老爱亲行为本质的提炼与升华，能引领社会良好风尚，传播精神文明，感染、激励和带动更多的人学习先进、争当先进。教育、激励更多的人助人为乐、伸张正义、尽职职责，真正实现“从一个人变成一群人，从一个小群体变成一个更大的群体”的目标，从而带动更多的道德模范人物的涌现，具有很强的推广性。

（二）当代优质道德资源的价值提炼

古往今来的许多思想家、教育家和政治家都非常重视道德榜样在道德教育中的模范作用。一定意义上可以说，依靠道德模范、道德典型的示范、激励、引导作用，把一定的道德规范与原则内化为人们的信念并使其外化为行为和习惯，是人类社会道德教育惯用的方法，也是道德教育的一条基本规律。

每个时期的道德模范精神都是当时社会所倡导的道德规范与道德要求的集中体现，都能起到道德示范和道德教化的作用，以此理顺社会各种关系，稳定社会秩序。当前评选的全国道德模范是体现社会主义道德要求、走在社会前列的先进人物，他们充分展现了中国人积极上进的精神风貌和追求真善美的美好情操。道德模范精神能带给人无穷的力量，鼓舞人心。它能给人们提供明确的人生追求，引导人们明辨是非，激励人们崇善尚德、追求先进，引导社会和谐。

一是导向价值。作为道德主体的人，在道德生活中不仅仅是遵从道德规范和道德要求，还要求实现自身的发展和道德人格的的完善，尤其是在社会物质生活发展到一定的高度之后，人的道德将会朝着哪个方向发展，人将走向何方，客观上要求有种力量可以指导人的发展。根据公民基本道德规范的要求，结合当前社会生活实际，中央文明办、全国总工会等单位举办的全国道德模范评选表彰活动评选出了全国“助人为乐模范”“见义勇为模范”“诚实守信模范”“敬业奉献模范”和“孝老爱亲模范”五种。这五个方面是当前道德领域中最需要倡导的，有较强的针对性。见义勇为、助人为乐、诚实守信、敬业奉献和孝老爱亲，是全国道德模范评选表彰的五个奖项，更是新时代公民道德建设的方向标。道德模范的自我牺牲、奉献服务、诚实守信、与人友善以及爱岗敬业等精神，为我们人生观、价值观树立提供了导向，让我们知道自己要做什么、要成为什么样的人。我们要将道德模范精神内化为人生信念，融进到我们做人的标准与原则中，怀着责任、奉献、感恩的心去面对生活、面对工作。道德模范精神为我们提供了总的学习方向，我们要根据自己的实际情况，学习这些崇高精神，内化为自己的思想，外化为行动，来践行道德模范精神。

二是示范价值。道德模范精神的示范价值是指道德模范精神的力量能够影响和感染受教育者，能促进其思想认识和觉悟的不断提高，深刻领会道德模范精神，以道德模范精神指导自己的言行，最终成为道德模范。人都有一颗向善的心，从内心都想做一个有道德的人。评选出来的全国道德模范是生活在人们周围具体的、鲜活的实例，他们的言行把深刻的价值观念、抽象的道德规范具体化、人格化，提供了学习的榜样。党的十七大报告指出，“发挥道德模范榜样作用，引导人们自觉履行法定义务、社会责任、家庭责任”。从社会学习理论角度来看，人都具有模仿的本性。当一个人在身边或社会中找到了一个与自己愿望相符的目标时，不仅会模仿他的言行，而且还会模仿其生活态度、价值观念以及道德品质、性格特征等。美国心理学家韦恩·卡肖认为：“许多东西实际上是我们通过观察他人学到的，别人的行为导致了理想的结果时，我们便会去效仿他们，模范的行为常常充当一种导致正确行为的诱因”①。人们通过学习和分析道德模范的先进事迹，能够震撼心灵，升华思想，熏陶情感，净化灵魂，从而提高道德水平。全国助人为乐道德模范郭明义自己勤俭节约，却大方地帮助别人，给我们作出了榜样。我们要在生活中、工作中学习助人为乐道德模范，给别人提供力所能及的帮助，营造一个和谐的社会氛围。全国敬业奉献道德模范孔祥瑞 30 年来在宽度不足 45 厘米的百级台阶上半悬空中攀上爬下，手持对讲机在长 6 公里的自动化作业线上走了千余天。同是全国敬业奉献道德模范的乡村医生邓前堆为了治病救人，不分昼夜地在索道上溜了 28 个春夏秋冬。他们心里装着对工作的责任，他们用行动为我们作出了爱岗敬业的表率。全国见义勇为道德模范谭良才、王茂华翁婿二人从大火中救出了邻居的六个孩子，而王茂华却献出了自己年轻的生命，谭良才幸免于难、受了重伤。他们面对灾难知险而上、舍己救人，他们为我们作出了很好的示范。刘延宝一家四代守烈士墓年为我们作出了承君一诺，必守终生的诚实守信榜样，刘延宝祖孙四代谱写了一曲忠义守信的赞歌。59 岁的朱清章 31 年来对成了植物人的养母不离不弃，用孝心和感恩将母亲唤醒，给我们

① ［美］韦恩·卡肖：《人：活的资源——人力资源管理》，煤炭工业出版社 1989 年版，第 199 页。

作出了孝敬父母，报答父母的养育之恩的榜样。早在二千多年前孔子就说过："见贤思齐焉，见不贤而内自省也。"道德模范身上散发的高尚精神与人向善的心不谋而合，是人们的理想追求。他们的行为为我们作出了典范，为我们提供了生动、具体的范例，因此对人们能起到很好的示范作用。

三是激励价值。我们常说"榜样的力量是无穷的"，这说明说榜样具有巨大的激励力量。激励作用是指主体善于利用一定的物质手段和精神手段，通过外在激励引发受教育者思想动机的变化，增加其内在动力，调动教育对象的积极性，使其自觉将教育目标转化为个人目标并为之奋斗的作用。道德模范精神散发的力量与魅力能够长时间地激励人们主动仿效道德模范的言行，激励自己学习道德模范，追赶道德模范。道德模范是社会主流道德的载体和人格化，他们生活在现实中，是富有情感和理性的个人或群体，他们高尚的思想和感人事迹承载着社会主流道德的价值取向，体现着一定社会所要求的人生观、价值观和道德观。道德模范的激励作用主要是因为道德模范所内含的先进性与高尚性两个特质。道德模范的先进性使得道德模范对受教育者具有一定的指导性价值，道德模范先进的价值取向和行为取向会给他人的个人价值实现带来多方面的教益，从而间接地指导、激励他人的行为；道德模范的高尚性使得道德模范对受教育者具有一定的精神需求价值，使得道德模范可以通过主体道德行为所表现的高尚的道德精神引发受教育者的赞许和敬重，进而激发受教育者的潜力，对这种崇高的道德精神产生向往和追求。道德模范的激励作用不是直接对受教育者产生影响，而是受教育者从模范的自我价值实现中，获得指导性需求或精神需求。在主体对道德模范精神由认知发展到需求时，道德模范精神的激励作用才真正得以实现。道德模范是一定社会主流道德的带头践行者，受到社会的推崇和表彰。道德模范为社会所倡导爱戴的效应，能促使人们按照社会主流评价标准来进行自我评价，不由自主地把自己的言行与道德模范进行比较，从中发现差距，激励自己崇德向善，不断升华自身的道德境界。人们在道德模范精神的影响下，自发地产生对道德模范的学习、比较、追赶、超越等行为。

四是推广价值。道德模范具有可模仿性，即可供和值得人们学习、模仿的特性，这是道德模范产生作用的前提和条件。行为科学研究发现，人们在学习的过程中，不仅能通过亲身实践获得直接经验，也能通过他人的言论和直接观察、间接了解他人的行为来获取。道德模范活生生的人物，鲜明形象的事实，鼓舞人心的高尚精神，非常具有可推广性。人们可以从模仿他们的言行开始，日积月累，久而久之会养成习惯，自己也不知不觉成为了真善美的化身，不断散发出真善美的正能量。道德模范精神符合我国当前的社会主流道德，与构建和谐社会相吻合，与我国当前倡导的富强、民主、文明、和谐、自由、平等、公正、法治、爱国、敬业、诚信、友善的社会主义核心价值观一致，具有极强的推广价值。比如以奉献服务精神贯穿一生的雷锋同志离开我们虽已有半个世纪，但他的精神已经植根于我们每一个人的心中。比如每年有雷锋纪念日，人们都在学雷锋、做雷锋。在公交车上，人们主动给老弱病残孕乘客让座，过马路时，有人主动搀扶盲人，所有这些良好社会现象，都体现了道德模范精神的推广价值。“最美”现象层出不穷，志愿者群体出现在各个领域。从北京暴雨灾害中英勇救人的农民工，到全国各地助人为乐的“活雷锋”，再到十多万人汇聚在“郭明义爱心团队”的旗帜下，这些都说明了道德模范的精神在不断传递着，并且成为推动社会文明发展的“正能量”。

五是引领价值。党的十七大报告指出，要“深入开展群众性精神文明创建活动，完善社会志愿服务体系，形成男女平等、尊老爱幼、互爱互助、见义勇为的社会风尚”。道德模范是群众认可的身边的榜样，中华民族的优秀品质在他们身上得到了集中体现，人民群众的道德追求在他们身上得到了集中表达。一个典型就是一面旗帜，一个模范就是一座丰碑，他们是推进公民道德建设最有说服力、最有影响力的鲜活教材。由群众推选出的全国道德模范，体现了社会主义核心价值体系中的善恶标准，彰显了人民群众的道德追求和社会进步的时代潮流，是社会的心灵标杆，引领了公民道德建设的正确方向。党的十八大报告指出，要“推进公民道德建设工程，弘扬真善美、斥假恶丑，引导人们自觉履行法定义务、社会责任、家庭责任，营造劳动光荣、创造伟大的社会氛围，培育知荣辱、讲正气、作奉献、促和谐的良好风尚”。道德模范能够通过身上具有的崇高思想、先进行为来影响、带领身边的人，发挥巨大的引领作用。

这种巨大的引领作用主要体现为：

一是引领自我道德品质。道德模范令人敬佩的精神，能够引领道德主体认识到哪些行为是值得肯定、赞扬和学习的，能够明确认识社会所倡导的道德原则和道德规则，通过逻辑推理形成道德判断，确立真善美的标准，以此形成道德主体自身的道德是非观念，指导人们从善弃恶。苏联著名教育实践家和教育理论家苏霍姆林斯基有一句名言“人只能用人来建树”，因为“只有人格才能影响到人格的发展和规定”。由此可见，道德模范对个人的成长起着举足轻重的引领作用，它通过生动形象的典型事例来教育人、鼓舞人，道德模范精神中的真善美价值是感染人的强大精神动力，它教育人们积极向善。通过道德模范精神的指导，个人有了明确是非观念之后，就会认同道德模范精神，在自己的言行中就会学习道德模范精神，用道德模范精神来引领自己的道德品质。

二是引领人际和谐。人总是社会的人，因此会产生各种各样的人际关系。但是目前的人际关系有些不尽如人意。人与人之间缺乏必要的沟通，人与人之间互相缺少信任，别人需要帮助时没能伸出援助之手，不敢、不愿帮助别人等，这些问题的存在使人们之间变得陌生。道德模范精神明确了社会主义合格公民为人处事的基本原则，反映了新型的社会主义人际关系。与人友善精神引领我们与别人和睦相处；诚实守信精神引领我们诚实做人，不失信于人；奉献服务精神引领我们多为别人着想，尽量地方便他人。道德模范精神启示我们在人际交往中应注重礼节，谈吐高雅，举止文明，要尊重人、理解人、关心人。如此人与人之间互相帮助、平等友爱、融洽相处，有助于建立平等、互助、协作、友爱、和谐的新型人际关系。

三是引领家庭和睦。家庭是社会最基本的单位，它连接着个人和社会，影响着人与社会的发展，是社会道德的教化，文化传统的传承以及个人的世界观、人生观、价值观养成的重要载体。家庭生活中的道德也必须遵守爱国守法的基本原则，处理好家庭生活中的伦理关系。道德模范身上表现出的夫妻间的相孺以沫、不离不弃，子女对父母的感恩与照顾等，都给我们作出了表率，他们的孝老爱亲精神引领我们要尊重、爱护家庭成员，互相关怀、互相体谅，营造和睦家庭。像孝老爱亲模范"铁汉柔情"军人王现伟对妻子的不离不弃，用爱谱写出了一曲困境中相儒以沫、彼此搀扶的感人赞歌的顾金钟、王欣夫妇和 8 岁开始伺候养母、带着养母上大学的最美临汾女孩孟佩杰等，他们的互相关爱、与人友善等精神能够引领家庭成员互相尊重、互相关爱，做到"尊老爱幼、男女平等、夫妻和睦、勤检持家、邻里团结"，构建和谐家庭。

四是引领职业责任。职业责任是指一个人在职业活动中应该做的工作以及应承担的责任和义务。人生大部分时间的社会角色就是你所在的工作岗位。尽责任是做人的重要德性。我国一直倡导爱岗敬业精神，中共中央 2001 年 9 月颁发的《公民道德建设实施纲要》就将"敬业奉献"作为社会基本道德规范。全国爱岗敬业模范个个在自己的工作尚位上恪尽职责，尽心尽力。像"藏族群众心中的格桑花"尼玛拉木，从她成为一位邮递员那天开始，没延误过一个邮班，没有丢失过一封邮件。"第一夫妻哨"马军武夫妇两个人在条件恶劣的西北边境站岗、巡逻，仔细记载每天各时段的边境线情况，守护着边境的安全。他们为我们树立了学习的榜样，他们的精神和行为激励、引领着我们。我们要以道德模范的标准衡量自身的行为，更加自觉、更加主动地践行社会主义荣辱观，热爱自己的工作，在工作岗位上做好本职工作，为社会贡献自己的力量。

五是引领社会风尚。随着社会的发展，人们的活动领域不断扩大，人们之间的交往日益增多，公民在生活中的自觉更为重要，社会公德是公民个人道德素质和社会文明程度的重要表现，是对人们公共生活领域中活动与行为的调节。社会公德表现为"文明礼貌、助人为乐、爱护公物、保护环境、遵纪守法"。然而，随着社会日益激烈的竞争和生活节奏的加快，人们过多的关注自我的得失，造成了对社会的一些冷漠。比如老人摔倒了不敢扶现象、“小悦悦事件”等，这些都警醒着我们要加强社会公德建设，构建一个和谐社会。无论是个人道德模范还是群体道德模范，他们都是公民道德建设的目标和动力。2005 年 2 月，胡锦涛总书记在省部级主要领导干部提高构建社会主义和谐社会能力专题研讨班上指出：切实加强思想道德建设是构建社会主义和谐社会的一项重要工作。构建社会主义和谐社会和公民道德建设二者是辩证统一的关系。社会主义和谐社会的构建，既离不开公民道德建设的加强，同时又有利于推进公民道德的建设。社会主义公民道德建设既是精神文明建设和社会主义先进文化建设的重要组成部分，受物质文明、政治制度和具体政策的影响，又能积极作用于物质文明和各项政治制度，成为构建和谐社会的重要因素。发挥道德模范精神的示范、激励和引领作用，吸引各行各业、不同的群体参与到学习道德模范、崇尚道德模范、争当道德模范的热潮中来，提高个人道德水平，推动社会公德建设，从而推进社会主义和谐社会的构建。在社会公共生活领域，人们应该应该注意礼节、乐于助人、保护环境、守法，做一个好公民。每一个公民应该以道德模范为榜样，学习他们的精神，模范他们的行为，将道德模范精神内化为自己的理念与行动准则，参与到良好社会风尚的建设中来。

六是引领生态友好。当前，我国正在人力建设和谐社会。和谐社会是个以人为本、人与自然和谐相处的社会。人与自然是对立统一的，追求人的全面发展不能以破坏自然为代价，否则人类赖以生存的环境都没有了，何谈全面发展。这就要求我们要牢固树立人与自然和谐相处的道德观念。传统文化中“道法自然”“天人合一”等朴素的唯物论观点，以及当前提出的构建节约型社会、发展循环经济，讲的都是人与自然关系的。特别是党的十八大指出要“大力推进生态文明建设”“必须树立尊重自然、顺应自然、保护自然的生态文明理念，把生态文明建设放在突出地位，融入经济建设、政治建设、文化建设、社会建设各方面和全过程，努力建设美丽中国，实现中华民族永续发展”。可见国家把生态文明建设建设放在更加突出的位置。道德模范具有先进的思想、先进的理念，能够提前意识到人与自然和谐相处的必要性和重要性。全国道德模范“草鞋书记”杨善洲为了回报大亮山的恩情，退休以后不畏艰难困苦在山上兴办农场，把荒山秀岭变成了绿色天地，当地恶劣的自然环境得到了明显改善，为我们保护环境、建设生态文明作出了示范，他为我们指明了方向，引导我们与生态和谐相处，以敬畏、友善的态度对待大自然。

（三）当代优质道德资源的运用途径

时代进步需要健康向上的道德风尚来引领，社会发展需要道德楷模的力量来推动。当前，我国正处在全面建成小康社会、加快推进社会主义现代化的新的发展阶段，新的形势和任务呼唤新的道德模范产生，呼唤弘扬光大社会主义道德模范精神。加强社会主义道德建设，倡导爱国、敬业、诚信、友善等道德规范，形成男女平等、尊老爱幼、扶贫济困、礼让宽容的人际关系，培育文明道德风尚。这是社会主义精神文明建设的重要任务，是人民群众的强烈愿望，也是经济社会全面发展的内在要求。运用道德模范开展思想政治教育，生动形象、说服力强，能够使受教育者与道德模范产生情感共鸣，让受教育者在耳闻目睹道德模范的事迹中获取道德启迪，从而取得思想政治教育的预期性和实效性。

1. 善于发掘道德模范

在建设文明社会、和谐社会的今天，道德模范的作用，越来越引起了人们的重视。一个道德模范，就是一本鲜活的教科书，使抽象的价值体系变得具体生动，看得见、摸得着，让人民群众可信、可亲、可学。善于发掘道德榜样，运用道德模范的生动事例来教育人、影响人，往往能极大地促进社会的精神文明建设，并能够弘扬正确的社会价值取向，增强道德教育的感染力和实效性。然而，做好发现和培育道德模范的工作，需要坚持以下几个原则：

（1）坚持真实性原则。发掘道德模范坚持真实性原则，就是指我们要善于寻找和发现那些贴近群众的、真实可信的、有着突出事迹的、能引起受教育者注意的先进人物作为道德模范。“真实性，就是树立的榜样一定要有真正为大家所公认的事迹，不要对榜样进行人为的加工，更不能伪造，这是榜样教育的基础。”发掘道德模范不是造神，而是挖掘群众身边看的见、摸得着、信得过、学得到的先进人物。在当前形势下，我们要经常深入实际调查研究，把握住时代脉搏，把组织评选、推荐、培育道德模范的过程变为深入宣传社会主义荣辱观、大力推进精神文明建设的过程，变为加强公民道德建设、树立正确价值导向的过程。同时，要广泛动员，精心组织，使广大干部群众积极参与到评选推荐各个地区的道德模范工作中去。才能慧眼识珠，发现和树立好真正的道德模范。要做到这一点，就需要在发掘和树立道德模范时，重事据、有权威、有资料，坚决杜绝假冒伪劣。近些年来，各级政府一直比较重视按照真实性原则来发掘人民大众中的道德模范。中央文明办中央文明办调研组就全国道德模范评选工作在湖南开展专项调研。10 月 19 日，调研组在中央文明办调研组副组长陈瑞峰的带领下来到湘潭，召开了全国道德模范评选活动调研座谈会。座谈会由湖南省文明办、湘潭市宣传部、市文明办以及学生代表，教师代表，社区代表，工人代表等各界人士组成。湘潭市文明办向调研组领导汇报了湘潭开展全国道德模范评选推荐活动的具体做法以及学习道德模范的实践活动。在开展全国道德模范评选整个推荐过程中，湘潭严格按照评选要求遵循公开、公正、公平的原则进行，突出了群众评、评群众、群众学、学群众，吸引群众广泛参与，让评选过程真正成为群众进行自我教育、自我提高的过程。湘潭市的做法得到了中央文明办调研组的肯定。座谈会上，来自湘潭市社会各界代表先后发言，高度评价全国道德模范评选工作，并就如何在新形势下把道德模范评选的时间、类别、推荐标准、申报程序、投票方式、表彰形式、奖励范围、宣传学习方法等制度化、规范化提出了自己的意见和建议。中央文明办调研组负责人说，在湘潭市，调研组听到了很多中肯的建议，为今后全国道德模范评选的制度化、规范化提出了许多有现实性、可行性的建议。

（2）坚持可行性原则。道德模范是时代的先锋，社会的楷模。在发掘道德模范过程中，坚持可行原则，就是指道德模范的行为对受教育者来说是可以模仿的，即道德模范的年龄、经历和能力与受教育者的相似，那么其道德行为就较容易感染受教育者，而让其效仿。因为道德模范“本身的特点如年龄、兴趣爱好、社会背景等方面与观察者愈相似，愈容易引起人们的观察学习”。① 如果道德模范的行为标准太高，就会使“学习者产生‘可望而不可及’之感，那么对学习者的影响会受到限制”。② 坚持可行性原则，发现和树立起来的道德模范，受教育者可以学得到、做得到。这就更符合党和人民的时代的需要，也体现了时代精神以及舆论导向，从而引导全社会建立和完善符合传统美德和时代精神的道德行为规范。最近几年，全国各地发现和树立起来的许多道德模范，包括助人为乐、尊老爱幼、见义勇为、敬业奉献、诚实守信模范等，都是群众身边看得见、学得到的“平民英雄”和基层涌现的“凡人善举”。这些模范人物的先进事迹与人们的生活并不遥远，容易引导人们的学习、对照和效仿。比如，用自己的肾救治父亲的曹于亚、13 岁开始就支撑困苦家庭的洪战辉、照顾多病父亲并坚持学习考上武汉大学的黄来女、从 4 岁开始就照顾瘫痪在床的母亲并坚持学习的张晓、从小操持家务并带家人上大学的杨怀保、“背母上学”并成立首个全国高校大学生爱心奖励基金的刘霆都、几十年如一日照顾亡妻父母一家人的谢守信等，他们谱写了一曲曲感人肺腑的“孝子之歌”。这些道德模范的典型事迹与人们的实际生活比较接近，更容易使人们受到感染，产生共鸣，也更容易使人们从自身做起、从现在做起、从身边事做起，在社会上做一个好公民、在工作中做一个好建设者、在家庭里做一个好成员，真正把公民道德规范和社会主义荣辱观融入工作生活实践中，进一步形成知荣辱、讲正气、促和谐的良好风尚，充分展示新时期我国人民的良好道德风貌。

（3）坚持先进性原则。树立道德模范要坚持先进性，决不能

① 刘新庚：《现代思想政治教育方法论》，人民出版社 2006 年版，第 66 页。

② 刘新庚：《现代思想政治教育方法论》，人民出版社 2006 年版，第 66 页。

降低标准要求，决不能过多过滥，不能搞轮流坐庄，分配指标。在此基础上，各行各业都要善于发掘和树立自己的道德模范。道德模范要体现人物个性和行业特性，要有血有肉，形象要丰富。道德模范的事迹要特点突出、生动鲜明，才能够引起人们的注意道德模范的行为要感人，才能使人们产生心理上的共鸣，最终引导人观察、学习、模仿、认同这些道德模范，从而在全社会形成人人学习模范、人人争当模范的良好氛围。各行各业、各条战线都要善于总结和发掘各方面的道德模范，运用道德模范力量推动道德建设，使人们学有榜样、赶有目标、见贤思齐，使道德模范的高尚行为逐步成为人们的自觉行动。各行各业、各条战线涌现出来的道德模范，虽然岗位不同、职业不同、事迹不同，但他们高度的政治觉悟、坚定的理想信念、崇高的精神境界和良好的道德修养，诠释和践行了社会主义核心价值体系的本质要求，凝结了中华民族的传统美德，展现了改革开放的时代风貌。这对于倡导先进的思想道德和价值理念，帮助人们树立正确的世界观、人生观和价值观；对于弘扬社会正气，准确反映时代主流，引导人们把社会主义核心价值体系转化为社会群体意识，自觉遵守和践行等，都具有十分重要的意义。

2. 大力宣传道德模范

大力宣传道德模范，用他们的先进事迹感召学生，把社会主义道德观念传播给每位学生，在学生群体中树立起鲜明正确的价值导向，营造知荣辱、讲正气、促和谐的社会主义新风尚。这对于推进社会主义核心价值体系建设，进一步提高社会文明程度和公民道德素质，具有非常重要的作用。

（1）加大宣传力度。加大对道德模范的宣传力度，用道德模范的示范、激励和导向作用引领社会文明风尚建设，把宣传道德模范先进事迹，与深入学习实践科学发展观活动结合起来，把学习成果转化为贯彻落实科学发展观的实际行动和强大动力。江泽民曾指出“这几年大力宣传孔繁森、张鸣岐、李润五等先进人物收到很好的效果。我们要继续宣传在各条战线上涌现出来的优秀党员、优秀干部和劳动模范”,① 在大力宣传道德模范的过程中，认真贯彻中宣部、中央文明办的部署要求，使道德模范的精神“进家庭、进社区、进机关、进企业、进学校、进军营”围绕各种道德宣讲主题，如“讲道德，做好人”，举行“百场道德模范宣讲”活动，充分发挥道德模范的示范、激励和导向作用，在校园里营造浓厚的“学先进、赶先进”氛围，形成追求先进、崇尚先进、学习先进的良好风尚。大力开展志愿服务，在学生中掀起志愿服务的新高潮。道德模范身上体现了中华民族的优秀品质，反映了社会发展进步的时代精神。为了大力宣传道德模范，地方需结合自身实际，层层开展形式多样的道德模范、文明之星等评选活动，要注重群众参与、群众推荐，把学习“全国道德模范”事迹作为学生公民道德教育的重要内容并制定一些具体措施。比如确定“公民道德宣传月”，集中开展道德模范宣传活动新闻媒体可开辟各种道德模范的专访栏目，例如，网络可设“我身边的道德模范”专栏，校园网可开设道德模范人物专访专栏等。通过这些措施，宣传和推出一批群众身边、事迹感人、具有积极示范和大力鼓舞作用的道德模范。所以说，我们需要进一步加大对道德模范的宣传力度，确立“好人有好报”的价值导向，推动并形成崇尚先进、学习模范的良好氛围。树立道德模范是一个长期的过程，需要对道德模范进行持续不断地宣传，为道德模范搭建一个展示其先进性的平台，这样才能使道德模范的辐射作用得到有效发挥。否则，道德模范宣传“一阵风”“冷热病”，虽然产生了“轰动”，却很难产生“效应”。然而，由于道德模范长期在一个单位工作，与周围的人朝夕相处。未曾宣传之前，大家对道德模范的事迹往往司空见惯、习以为常，“久入芬馥之市，难闻其香”。所以在宣传道德模范工作中，存在着“墙里开花墙外香”的现象，其原因是多方面的，宣传工作做的实不实、细不细、深不深是一个主要因素。因为，宣传时只停留在表面，重外轻内，对内的宣传力度也极弱，难以给学生带来心灵上的震动，引起心灵的共鸣，使道德模范的作用打了折扣。如何使道德模范

① 《江泽民文选》（第一卷），人民出版社 2006 年版，第 505 页。

“墙外香”“墙里红”这需要我们在宣传、学习、再宣传、再学习的工作过程中，不断地加大宣传力度，搞好道德模范外部宣传，发挥道德模范“品牌”作用的同时，更应该加强对内的宣传，发挥道德模范的“明星”作用。一要利用各个行业内部的各种资源宣传道德模范，扩大道德模范的知名度，让道德模范“火起来”，为学习道德模范营造浓厚的舆论氛围。二要强化各行各业内部的组织学习，利用座谈会、报告会等载体，有目的、有计划地开展学习道德模范活动。三要深入挖掘，把闪光的思想寓于动人的事迹之中，对道德模范进行更深层次的宣传，进而促进学习道德模范活动的进一步深入。例如，江汉大学一直重视大力宣传学生身边可亲可信的道德模范，积极创新道德模范宣传教育的形式，通过开展“感动江大人物”评选、“榜样的力量”等活动，全方位、多角度、深层次地对道德模范的先进事迹进行了对内对外宣传，从深层次上开发道德模范的教育意义，在校内外引发了广泛关注。

（2）实事求是地宣传。实事求是是我们党的思想路线，所谓“‘实事’就是客观存在着的一切事物，‘是’就是客观事物的内部联系，即规律性，‘求’就是我们去研究。我们要从国内外、省内外、县内外、区内外的实际情况出发，从其中引出其固有的而不是臆造的规律性，即找出周围事物的内部联系，作为我们行动的向导”。① 宣传道德模范一定要坚持实事求是的态度，不能过分的夸张，也不能无中生有的吹嘘，既要宣传优点，也要注意克服不足。在道德模范宣传的过程中，必须尊重客观事实，有一说一，掌握分寸，留有余地。切不要任意拔高，言过其实，“一好遮百丑”的现象。实事求是地宣传就要求我们在宣传道德模范时，要让“学习者相信榜样作出某种行为是出于自然，而不是具有别的目的”。②“实际上，道德模范的宣传越是真实贴切，越是接近原型，才越有吸引力和感染力，才会使人们‘能够学’‘愿意学’，而不是望而

① 《毛泽东著作选读》（下），人民出版社 1995 年版，第 478 页。

② 刘新庚：《现代思想政治教育方法论》，人民出版社 2006 年版，第 66 页。

生畏，敬而远之”。① 一个道德模范就是一面旗帜，现实而直观，具有强大的说服力和吸引力。所以我们要善于发现道德模范，培育道德模范，实事求是地宣传道德模范，既要大力宣传校园外、社会上的道德模范，又要注意宣传校园内、学生身边的道德模范，充分发挥道德模范的影响作用，带动广大学生弘扬正气，打击歪风。道德模范的说服力、感染力，取决于道德模范本身的真实事迹和先进思想，取决于他们平凡而伟大的良好形象，而不是靠“吹捧”得来的。宣传道德模范切忌人为拔高，不能靠倾斜政策“喂”道德模范，也不能移花接木“凑”道德模范，更不能“适应”潮流“编”道德模范。道德模范一旦脱离实际，非但起不到示范、激励和导向作用，还可能使人们产生逆反心理，起到相反的作用。所以，在宣传道德模范时，应注意忠于道德模范事实，用事实说话，不溢美，不拔高，不说过头话。

(3) 拓展宣传渠道。拓展道德模范的宣传渠道，是发挥道德模范作用的一个重要环节。道德模范先进事迹的宣传，除了传统的报刊、广播、电视等媒体手段外，还可采用先进事迹巡回报告团、道德模范答记者问等形式开展。另外，还可以充分利用互联网以及微信、微博等新媒体，通过新闻宣传、文艺作品、公益广告和群众性文化活动等多种方式，广泛开展道德模范的宣传活动，大力弘扬助人为乐、见义勇为、诚实守信、敬业奉献、孝老爱亲的崇高精神。把学习宣传道德模范融入社会主义荣辱观学习实践活动之中，融入学生思想道德建设之中，融入群众性精神文明创建活动之中，在校园里形成学习道德模范、关爱道德模范、敬重道德模范、争当道德模范的浓厚氛围。高度重视宣传各类道德模范，促使其积极作用的发挥，是我们党的一贯作风和优良传统。在革命战争年代，我们宣传张思德、白求恩、董存瑞、刘胡兰等一批英雄模范人物时，采取的是文件、报刊、电台等形式对他们的先进事迹进行宣传教育，这对于引导广大军民以高度的革命热忱，投身于民族独立和解

① 《毛泽东、邓小平江泽民论社会主义道德建设》，人民出版社 2001 年版，第 178 页。

放的斗争，起到了极大的激励作用。在社会主义建设时期，我们宣传雷锋、王杰、焦裕禄、王进喜、时传祥等一批道德模范时，除了上述的几种宣传方式之外，出现了收音机、电影等形式，这对于动员全国人民艰苦创业，投身社会主义建设，发挥了巨大的推动作用。改革开放以来，我们宣传张海迪、蒋筑英、包起帆、孔繁森等一大批道德模范时，又采取了电影、电视等形式，这对于激励人们投身改革开放和现代化建设事业，起到了巨大的促进作用。十六大以来，随着科技的发展，我们拓展了以前宣传道德模范做法，采取电影、电视、网络等形式，大力宣传郑培民、牛玉儒、任长霞、杨业功、王顺友、丁晓兵、华益慰、方永刚、袁隆平等道德模范，使我们的思想政治教育取得巨大的实效性。这对于凝聚广大人民积极投身全面建成小康社会和为实现“两个一百年”奋斗目标、进而实现中华民族伟大复兴的中国梦而奋斗，起到了积极的推动作用。总而言之，发现、培育和宣传道德模范，最终都是为了推广道德模范。在一个时期要推广哪个有份量的道德模范，不仅要集中力量宣传道德模范，更要实事求是地宣传道德模范。还要充分运用多种宣传形式，动员各种媒体，从不同侧面和角度进行宣传推广，道德模范的作用才能充分发挥出来。一旦道德模范的旗帜树起来，各级、各部门就要集中精力抓好道德模范宣传教育活动，以道德模范为标尺，营造出学、赶、超的浓厚氛围，从而真正发挥出道德模范的作用来。

（四）武汉地区道德模范感人事迹

在社会主义现代化建设的实践中，武汉地区涌现了一批一批伟大的道德模范。在由中央文明办、全国总工会、共青团中央、全国妇联共同主办的全国道德模范的评选活动中，连续五届都有武汉地区的优秀道德模范。这些红色资源、现代化建设的标志性成果和先进的道德模范都是社会主义建设的重大成就，是社会主义制度的生命力和创造力的集中体现，它们共同构成了对大学生进行思想政治教育的生动教材。

榜样的力量是无穷的。截止到 2016 年底，武汉有全国道德模范11位（吴天祥、黄来女、王争艳、孙东林、董明、杨小玲、刘培、刘洋、江玉珍、江远斌、官东），还涌现出78位中国好人、最美志愿者2人、感动中国人物13位、时代楷模群体1个及一大批先进典型。“道德高地”“群星闪耀”现象引起全国关注。由于篇幅所限，在此仅简要介绍介绍全国道德模范个人事迹。

全国道德模范评选表彰活动由中央宣传部、中央文明办、解放军总政治部、全国总工会、共青团中央、全国妇联六家单位共同主办，是新中国成立以来规模最大、规格最高、选拔最广的道德模范评选。每两年举行一次，目前共评选过五届。每届评选产生助人为乐类、见义勇为类、诚实守信类、敬业奉献类、孝老爱亲类5类全国道德模范。五届评选活动中，武汉市先后涌现出吴天祥等11位位全国道德模范。刘丰收、刘继平、徐本禹、陈刚毅、桂希恩、甘金华、王静、杨昌林等10人获全国道德模范提名奖。

全国道德模范颁奖词写道：“全国每一个道德模范的背后都有一个不同寻常的故事，它们或许催人泪下、或许轰轰烈烈、或许平平淡淡、或许……但每一个故事都折射了时代的光芒，更书写着时代的感动。”这些人都是我们和大学生身边普通干部、群众，事迹易学，对大学生极富感染力和教育意义。高校思政课如何充分利用全国道德模范资源呢？可以是举办道德模范事迹宣讲报告会，也可以是长期聘任这些道德模范为兼职德育教师或辅导员。

1. 吴天祥：一心为民的好公仆

他被江泽民称赞为“深受人民爱戴的优秀干部”，被胡锦涛赞誉为“基层党员干部的榜样”，武汉市委、市政府命名他为“一心为民的好干部”，群众赞誉他是“活着的焦裕禄、孔繁森”——他就是吴天祥。几十年如一日，他时刻牢记全心全意为人民服务的宗旨，从部队到地方，从普通工作人员到处级干部再到副区长，肩上的责任越来越大，但为人民服务的初衷始终未变。他4次跳入长江救人，捐骨髓捐钱物帮助他人；以儿子的身份给8名孤寡老人养老送终，关怀照顾17名孤儿、结下4000多个“穷亲戚”。他退而不休，保持本色，担当社会志愿者，为党分忧，为民解难，化解矛盾，把满腔的爱献给了人民群众。曾获全国劳动模范、全国道德模范、全国优秀志愿者、全国最美志愿者、100 位新中国成立以来“感动中国人物”之一、湖北省十大杰出公民和人民公仆、荆楚雷锋传人等荣誉称号。在吴天祥行为的感召下，一个个先进典型不断涌现，以他名字命名的吴天祥小组延伸到各个地区各条战线。

他是人民的好公仆，以当人民的儿子为光荣。吴天祥几十年如一日，每天早上 6 点半上班接待上访群众，坚持记民情日记，接待上访群众十多万人，处理信访问题近万件，在党和群众之间架起了“连心桥”。他为群众做了数不清的好事实事，化解了大量矛盾。他把自己的家也当作接待室，请上访群众在家吃饭。他先后照顾了 30 多名孤寡老人，掏钱为老人买米买煤、打针、买药、住院、送葬、立碑。他关怀照顾十七名孤儿，孩子们在他关心下，个个表现良好，其中十三名孩子考上大学。他 4 次跳入长江救人，结识了 4000 多个“穷亲戚”，无数次为不相识的人慷慨解囊。他让出女儿的工作指标和婚房，替高位截瘫的残疾人修一栋新房，自掏三万元为孤寡妇女治好大病；联络甘金华等二十多名爱心人士出资救治河南农民孩子；资助一万元给种包菜卖不出去的农民，并将其所送的一卡车包菜全送给武昌残疾困难户；以自家房屋做抵押，资助 20 多名下岗工人就业，并当贷款担保人。他对受助者说：这些钱不要你们还，只要你们富了我就高兴。在湖北武汉，“有困难找吴天祥”成了许多人的口头禅。

哪里有灾难，哪里就有他。汶川、玉树、彝良、雅安地震灾害，舟曲泥石流灾害、云南旱灾等，他都在第一时间赶往灾区救灾。汶川地震时写下遗书瞒着妻儿奔赴救灾现场，青海玉树地震期间两次奔赴灾区，云南大旱时亲自押车送水，为大旱中的兰考打井，在雅安“4. 20”大地震发生后，他不顾自己年近 70 岁的高龄、体弱多病的身体，赶赴雅安地震灾区芦山县、宝山县，送去发电机、慰问物资，与当地军民一起开展抗震救灾工作，云南鲁甸地震他采购万斤蔬菜亲自押车送往灾区……他无偿献血 62 次 20000 多毫升鲜血，多次捐献干细胞，以近 70 岁高龄在湖北经济学院带动三千名大学生献血，成为我国年纪最大的献血志愿者。

节假日不休，退休不休。二十多年来，吴天祥把春节和所有节假日都用来志愿做好事，用来到监狱呼唤浪子回头。他每月为江夏农村 23 户失去劳力的农民提供种田资助经费，并签定二十年帮种协议书，每周坚持下乡帮助种田。他跑遍全省所有监狱，行程数万公里，先后和数千名服刑人员签订帮教协议，为 1000 多名服刑回归人员协调安置工作，办好事、办实事达数千件，服刑人员称他为“贴心人”。2008 年退休后，他仍坚持每天义务信访接待；担任全省三十多所大专院校的志愿顾问、德育老师。退休以来，吴天祥担任了 6 大员，即：化解矛盾政工员、文明道德宣传员、美化环境勤务员、敬老爱幼服务员、环境卫生保洁员、青少年教育辅导员。

在吴天祥行为的感召下，一个个以他名字命名的吴天祥小组不断涌现，延伸到各区各战线。从 1996 年 4 月 16 日，武昌区信访办成立第一个“吴天祥小组”起，如今，武昌区的吴天祥小组已达 1860 个，武汉市的吴天祥小组达 1 万多个，湖北省“吴天祥小组”则达到 2 万多个，全省大约有 10 万多名小组成员常年活跃在街道、社区，为人民群众办好事做实事，用自己的行动在党和群众之间架起一座座连心桥。

2. 黄来女：背着父亲上大学 孝女撑起一片天

黄来女出生于一个贫困家庭，2003 年考入武汉大学计算机学院。在校期间，她一边完成学业，一边还要打工挣钱，照顾重病卧床的老父亲。她自强不息、乐观向上的精神感动了她身边的每一个人。她的感人事迹经媒体报道后，引起了社会广泛关注，曾被评为 2006 年度中国大学生十大年度人物、湖北省自强不息优秀大学生、湖北省大学生“文华科技”品学奖、武汉大学自强不息优秀大学生等荣誉称号。

出身贫寒不认命。黄来女出生于广西壮族自治区合浦县一个贫困家庭，4 岁起就与父亲相依为命，为了生活四处奔走，居无定所，颠沛流离，日子过得十分清苦，但清贫的生活磨砺了她坚强的个性。她学习刻苦，2003 年高考，黄来女以 763 分的优异成绩被武汉大学计算机学院计算机科学与技术专业录取，学校通过“绿色通道”让身无分文的黄来女进入了大学殿堂，并且帮助她办理了国家助学贷款，安排了勤工助学岗位，给予每月 120 元的特困补助，黄来女靠勤工俭学维持着生计和学业。为了进一步改善生活条件，她又找到了两份家教，这样她不仅可以维持学业还可以给家中的父亲寄生活费了。

背起父亲去上学。当一切都走上正轨时，平静的生活波澜再起。由于家庭贫困，2005 年元月，黄来女的父亲黄道富准备到武汉边打工边支持女儿读完大学。然而，来汉的当天晚上，突发脑溢血，之后又脑梗阻，右肢一度瘫痪，2006 年初又查出糖尿病、膀胱癌。身无分文，无依无靠的黄来女此时非常绝望，但她坚持绝不放弃自己相依为命的父亲，也绝不放弃自己的学业。她勇敢地挑起了照顾父亲、坚持学习的重担，用意志和行动挽救着父亲的生命，维系着生活和学业。她每天早上 6 点起床，给父亲洗脸刷牙、打针吃药。吃完饭后花半小时步行到学校上课，中午和下午课后连忙往家赶，替父亲做饭、熬药、打胰岛素。晚上坐一个多小时的公交车到汉口做家教，深夜昏黄的灯光下，安顿好父亲睡下，她就打开书本开始学习。即便如此辛苦，她仍保持着学习成绩名列前茅，荣获国家奖学金，并以优异的成绩保送武汉大学计算机应用专业硕士研究生。

父亲多次病危，基本上是靠着对女儿眷恋与牵挂的意志支持下来的，在黄来女的细心照顾下，父亲的病渐渐好转，能开口说话、下床走路，在女儿的鼓励下每天坚持锻炼身体，可谓创造了医学奇迹。

带着爸爸上班来。2009 年 6 月，黄来女从武大信息安全专业硕士毕业，入职广州某知名外企，担任工艺工程师。2010 年，时隔一年多她已成长为公司部门经理。工作之余，黄来女的首要任务是照顾父亲。虽然每个月的医药费、房租、吃饭等花销让黄来女儿近“月光”，但她对未来仍充满信心，“无论如何，现在的状况比以前好了很多”。①

---

① https://wenku.com/view/eoa967bf80eb6294dc886c2d.html.

3. 王争艳：精益求精、追求“上医之境”

王争艳，女，1954年12月生，武汉市汉口医院内科副主任医师，金桥社区卫生服务中心主任，中共党员。

曾获得全国先进工作者、第七届中国医师奖、全国医药卫生系统先进个人、湖北省劳动模范、湖北省五一劳动奖章、湖北省人民好医生、湖北省三八红旗手、湖北省十大女杰、武汉市劳模、武汉市三八红旗手标兵、武汉市五一劳动奖章、武汉市模范市民、武汉市优秀家庭医生、武汉市十佳女医务工作者、武汉市抗击非典先进工作者等荣誉称号。

王争艳1984年毕业于武汉医学院（现华中科技大学同济医学院），长期工作在医院临床一线和社区卫生服务中心。作为一名普通的基层医务工作者，她以自己过硬的医德、医风、医术，在平凡的岗位上作出了不平凡的业绩，赢得了患者的爱戴、同行的尊敬和社会的广泛赞誉。

爱岗敬业、精益求精的职业信念。王争艳同志立足岗位、甘于平凡、勤勤恳恳、任劳任怨，满腔热情地为广大患者排忧解难，勤奋好学、精益求精，以精湛的医术服务病人，用实际行动诠释了上医之境。

王争艳在武汉医学院学习时，一代名医裘法祖曾讲授“先看病人，再看片子，最后看检查报告，是为上医；同时看片子和报告，是为中医；只看报告，提笔开药，是为下医。”裘法祖的教诲深深地影响着她的从医生涯，她对每个病人都严格地执行“视、触、叩、听”诊疗原则，身体力行，追求“上医之境”。

一年三百六十五天，只要是上班时间，在她的左上口袋里总是装着一个小电筒，左下口袋里总有一包棉签，右下口袋里备着一副听诊器，手腕上戴着的是一块十年前医院建院百年的纪念手表。小电筒、棉签、听诊器、手表，就是她诊断病情的“武器”。她诊疗有个习惯——从不打断病人讲述，始终微笑着注视对方，接下来，她会用双手为病人做检查。王争艳硬是凭着自己的双手和耐心，用视、触、叩、听的医疗基本功，摸出了仪器都难以查出来的病。

黄陂农民刘耀东，因持续消瘦四处求医，跑了多家医院，各种检查花了一千多元，病因仍然没有找到。经人介绍，他找到王争艳，开口第一句就说："医生，我没钱，做不起检查。"王争艳温和地笑着，仔细询问了他的病情，然后从头到脚仔细检查。最后，王争艳让他躺到诊断床上，用双手摸他的肚子。几分钟后，王争艳问："您是不是得过血吸虫病？"刘耀东惊呆了："十几年前我得过这个病，您怎么知道的？"专科医院证实，王争艳的诊断完全正确。刘耀东逢人便夸："王大夫真神了，她一摸，就知道我是什么病！"

爱民为民、尽心尽力的高尚医德。王争艳同志始终关心病人的疾苦，视患者为亲人，处处想患者之所想、急患者之所急、解患者之所忧，也正是这样，她拥有了一大批"粉丝"，不管她在哪里工作，这些人就跟到哪。

20 世纪 90 年代初，王争艳是医院心血管内科的一名住院部医生，当时一位住院病人好多天解不出大便，王争艳卷起袖子亲自为他掏大便，她的举动感动了在场所有的人。1994 年的一天，一名叫吕占奎的乙肝患者，因心梗突发呼吸心跳骤停，情况非常危急，命悬一线。王争艳马上对他进行心肺复苏，口对口人工呼吸长达半个小时。同事们都为她担心，"你就不怕他把乙肝传染给你吗？"王争艳说："时间就是生命，抢救病人是第一，当时什么也没想，也来不及想。"每当谈起这件事同事们都说："像这样子不顾一切抢救病人，没有多少人能像王争艳这样做。"

84 岁的石凤仙婆婆，双腿肿胀，卧床不起。两个女儿急坏了，一连找了几家医院的大夫，请求他们去老年公寓给母亲看病，但没有医生出诊。邻居介绍姐妹俩找金桥社区卫生服务中心的王大夫。因老年公寓路不好走，姐妹俩特意嘱咐王争艳坐出租车来，车钱她们出。而王争艳却让同事用助动车顺路带一程，自己再步行 2 里路到了老年公寓。天已经转凉了，王争艳先搓热双手，再给石婆婆做检查。听完前胸后背、测量完血压后，王争艳俯下身子，不顾扑面而来的异味，一个一个掰开石婆婆肿胀得流水的脚指头查看。姐妹俩看着看着就哭了："王大夫没戴口罩手套，一点也不嫌脏，我们做女儿的也没能做到啊!”

廉洁文明、自尊自爱的优良医风。王争艳同志从医20多年来,坚守“让病人花最少的钱得到最好的治疗效果”的理念。只讲奉献,不求回报;甘于清贫,严于律己,干干净净做事,清清白白做人,实践和捍卫了医务工作者的圣洁和尊严。

病人送了王争艳一个外号,叫“青霉素医生”。这个外号有两层含义,一是说她看病便宜,二是赞誉她行医干净。

为了摸清王争艳“小处方”的真实性,武汉一家媒体专门抽查了王争艳2008年和2009年封存的处方,结果,平均值只有55块钱。最小的处方只有两角七分钱,让病人花最少的钱得到最好的治疗效果,这是王争艳坚守的行医准则。

1998年,一对夫妇慕名找到了王争艳,丈夫王荣华患有少见的“亚急性联合变性”,这是一种因营养或维生素缺乏引起的神经性病变,主要影响人体脊髓,治疗尚属世界难题,理论上要长期住院才能保住性命。但王荣华一家拿出医保中自己支付的部分都很困难。王争艳在详细地了解病情和检查后,根据病人的经济情况,给他们想了一个办法,在医院抢救一缓过劲就回家,她来根据病情调整药物。王争艳为王荣华提供的,是最基本的医疗,但在王荣华夫妇看来,却是救命的医疗。在王争艳的努力下,这十多年来他们真的做到了用有限的钱,维持一个罕见疾病患者的生命,一次次让陷入绝望的家庭重燃生活的希望。“对这个病,我也没有什么好办法,只有用心。”王争艳说。

扎根基层、甘于奉献的崇高精神。作为一名同济医学院毕业的高材生,王争艳同志长期安心在基层医疗机构工作。她多次放弃高薪岗位的聘请,扎根社区,坚守清贫,坚持把给患者治好病作为自己的最大追求,把给基层群众带来健康作为自己的快乐和享受。

作为副主任医师,王争艳却住着49.5平方米的铁路职工宿舍,为了将风蚀残年的父母从洪湖接来武汉尽些孝道,王争艳借钱购买了一套两居室。

虽然自己生活并不富裕,但王争艳却经常替患者垫钱,几块钱的挂号费,十几块钱的药费,她常垫付,但是多年来,却保持着一个纪录：垫出去的钱，从来没有不还的。一个农民工在工地摔伤，连缝合带药费30元，病人只有20元，王争艳垫了10元钱，木讷的民工连个谢字也没有，就默默地走了。第二天，一瘸一拐的病人却捏着10元钱回来了，虽然没有华丽的语言，但这带着体温的10元钱，代表着一位患者对医生的崇敬之情。

2010年5月，医院再次委派勇挑重担的王争艳，到金桥社区卫生服务中心担任主任。还有七个月就要退休的王争艳，没有任何犹豫地来了，一头扎进了社区。社区医院看的多是一些常见病、慢性病。王争艳风趣地说自己是社区居民的家庭医生，只要居民有要求，她都会出诊，让居民们感受到社区医生带来的便利和好处；她每天坐诊，耐心地接待每一位患者，用自己的努力告诉这里的居民——社区医院很方便，社区医生也能看好病。居民们慢慢改变了原来只到大医院就医的习惯。王争艳上任10个月，中心的门诊量就增长80%，住院病人翻了两番。

4. 孙东林：诚信是做人做事的根本

孙东林，男，1970年出生于湖北省武汉市黄陂区泡桐镇，现任湖北信义兄弟建设集团有限公司董事长、湖北省信义兄弟农民工帮扶基金会理事长，第十二届全国人大代表、全国五一劳动奖章获得者、2010年感动中国十大人物、湖北省工商联常委。

1989年，出生于农民家庭的孙东林与哥哥孙水林组建起一支建筑队伍，在北京、河南等地承包建筑工程，孙东林守信如金，不论是对承包的工程，还是对农民工兄弟，都讲诚信和责任。凭着这种“讲诚信、重质量”的坚持，孙东林参与了北京顺义区几乎所有重点工程的施工，而且个个都是样板工程。

2010年2月9日，在北京做建筑工程的孙水林回到天津，原定与暂住在天津的家人和弟弟孙东林聚一天再回武汉，但他查看天气预报了解到此后几天，天津至武汉沿线的高速公路，部分地区可能会因雨雪而封路。他决定赶在封路前回武汉，给先期回汉的民工发放工钱。春节前发放工钱，是他对民工的承诺。当晚，孙水林提取26万元现金，带着妻子和三个儿女出发了。次日凌晨，他驾车驶至南兰高速开封县陇海铁路桥段时，由于路面结冰，发生重大车祸，孙水林一家五口全部遇难。弟弟孙东林为了完成哥哥的遗愿，在大年三十前一天，来不及安慰年迈的父母，将工钱送到了农民工的手中。因为哥哥离世后，账单多已不在，孙东林让民工们凭着良心领工钱，大家说多少钱，就给多少钱。钱不够，孙东林就贴上了自己的6.6万元和母亲的1万元。就这样，在新年来临之前，60多名民工都如愿领到工钱，孙东林如释重负。“新年不欠旧年账，今生不欠来生债”。不欠工人一分钱，无论家里出了多大的事，他们，都不曾违背过诺言。孙水林、孙东林兄弟坚守承诺，被人们赞为“信义兄弟”。

2010年8月，为了弘扬传承信义精神，他组织成立了全国首家农民工帮扶基金会——湖北省信义兄弟农民工帮扶基金会。“信义如天、温暖传递”是信义兄弟农民工帮扶基金会的宗旨，感恩社会、回报社会，积极参加公益慈善事业是基金会的责任。5年来，信义兄弟基金会先后举办了“爱心医疗队”、“湖北省留守儿童亲情电话屋”、大学生圆梦助学行动、武汉市“全国道德模范”共创全国文明城市——迎新年送戏下乡等近20个公益活动和项目，截止到2015年6月，信义兄弟基金会总计支出公益帮扶款262万元，基金余额517万元，受益人数达3万余人。

2013年，孙东林当选为全国人大代表，为了更好的向中央政府反映基层人民群众的真实诉求和心声，深入到群众家中、贫困地区、贫困学生家庭等基层进行走访。在履职期间，他积极参加全国人大和湖北省人大组织的系列学习和调研活动，他提交了的议案，主要是针对农民工市民化教育、农民工工资保障和建立服务于农村留守家庭的农村社会化服务体系，希望国家能全方面的了解当前农民工群体的实际困难。

5. 董明：轮椅上的天使志愿者

董明，一位坐在轮椅上的残疾女孩，“董明免费心理咨询工作室”志愿者咨询师，曾荣获全国道德模范、中国青年五四奖章、全国助残阳光使者、湖北省十大杰出青年、湖北省五四青年奖章、湖北省优秀志愿者、北京市十大志愿者、北京市五四青年奖章十大标兵、四川省抗震救灾英雄模范、世博志愿者之星、广州亚残运会杰出优秀志愿者等荣誉称号。英国、德国、韩国等国内外媒体报道和转载了她的志愿经历和事迹，赢得了广泛赞誉。

奉献精神的开始。董明在读小学一年级时，被选入跳水队，在一次比赛中，为了避让队友，摔成高位截瘫。四肢瘫痪、大小便失禁，医生曾给她下过三次病危通知，每天都需要依靠大量的药物来维持生命。突如其来的变故，让董明的父母陷入深深地痛苦与绝望中。年幼的董明不得不用乐观、微笑来面对父母、面对人生。

她用十年时间完成了普通人从小学到高中的全部课程，并自学了英语和日语。她希望能够尽快融入社会、回报社会！她要用经历和行动去感染更多人、帮助更多人！

她从把每次网上写稿获得的稿费，用来资助农村失学的小朋友开始，到时常写信感化服刑人员，用自己的经历鼓舞残疾朋友，董明走上志愿者的奉献道路。在董明的带动下，父母都成为了志愿者：父亲为社区孤寡老人修电器，搬抬重物；母亲为社区饲养花草，绿化小区。

用奉献精神引领新一代年轻人。2005 年，董明在身体有所好转后，就更积极投身公益活动，正式注册成为一名志愿者。她教过聋哑孩子学说话，担任过禁烟大使、环保志愿者、文明过马路劝导员等。有人问董明：为什么你身体不好还要去帮助他人呢？董明说，任何挫折和困难都不能阻止她奉献自己。虽然她是一位残疾人，但也有责任和义务来回报社会，划着轮椅，她也要把爱和阳光播洒到每个角落！

2007 年，董明被选为轮椅橄榄球队运动员，代表湖北省参加了全国第七届残疾人运动会！同年，董明又以优异的成绩，进入武汉广播电视大学学习社会工作专业，辅修心理学。

当汶川发生特大地震后，董明用她孱弱的双手划动着轮椅和志愿者们走上街头募捐、献血，一连六天，没有间断。当看到电视里播放急需专业的心理辅导志愿者的消息时，董明更坚定了前往重灾区一线做心理辅导的想法。她说服父母，拿出了自己的稿费，以及父母辛辛苦苦攒了三年，准备给自己治疗的1万多元钱，和父母一同赶赴灾区一线！她们购买了物资，送往重灾区，他们一家到达了北川、什邡、都江堰、绵阳、绵竹等重灾区。先前反对她来灾区的父母，在灾区也成为了志愿者：父亲负责抱伤员、搬物资，母亲负责给伤员换药、擦洗身体，董明负责心理辅导。在灾区的日子里，董明成功唤醒了2位植物人，使5位父母双亡的孩子开口说话，让40多位因为地震造成的重度残疾人重树生活的信心，她还被成都、济南、沈阳军区邀请去部队鼓励1000多位士兵。灾后，董明被授予中国第一位残疾人抗震救灾心理危机干预志愿者；四川省抗震救灾劳动模范。

2008年5月，董明幸运地成为一名北京奥运火炬手。8月，北京奥运会隆重开幕。董明作为央视网特邀记者，参与奥运报道。北京残奥会开幕后，她又当选为北京残奥会形象大使、残奥会志愿者，在国家游泳中心“水立方”工作。

胡锦涛总书记在接见董明时，鼓励她说：“你早已在你的人生领域获得了一块属于你的金牌。”温家宝总理为董明题词“身残志坚”，并握着她的手说：“我为中国能有你这样一位残疾女孩感到骄傲和自豪！”面对这些关爱和殊荣，董明想得更多的是如何回报社会。她还经常组织和参加社会外各类志愿服务活动。

2008年，硚口区“董明爱心志愿者团队”和“董明免费心理咨询工作室”成立，董明利用自己所学的知识，将每月所赚稿费投入工作室，长期免费为那些因失业、下岗、落选以及失恋等因素而痛楚的人提供心理帮助。

心理咨询室开办至今，董明已接待4000多位来访者，她拒绝来访者金钱的酬谢，鼓励用志愿服务作为感谢方式。其中有500多位来访者已经加入董明爱心志愿团队，继续去帮助更多需要帮助的人。

董明除了通过心理咨询室来帮助他人以外，还经常受到其他各高校及部门邀请，去进行心理辅导和做励志报告会，听众累计达10多万人次。董明用她的亲身经历鼓励广大青少年自强不息，争取做对社会有贡献的新一代年轻人。

董明常说："在人生的道路上难免遇到挫折和苦难，只要我们坚持做一个好人，做一个善良、有道德的人！不要问他人能为自己做什么，去想想自己又能为国家和社会奉献什么呢！"

6. 杨小玲：在无声的世界里挥洒人生

她是一位健全的女性，却带给了残疾孩子一个美妙的世界，她以一个教师的责任，让每一个聋哑孩子感受到了生命的尊严，她用一个母亲的情怀，给予了每一个需要帮助的孩子十分的大爱。

武汉市第一聋校的舞蹈教师杨小玲，从事特殊教育工作已近二十多个春秋。二十多年来，她献身特校艺术教育，拓展残疾学生艺术个性，塑造残疾学生健康心灵，秉承和发扬特教人执着、勤奋、进取、奉献的优良品质，以广博的爱心感召学生，以人格的魅力影响学生，使聋哑学生拥有同样精彩的艺术人生。各级组织和领导对她的工作给予了充分地肯定，曾获得全国道德模范、全国爱心奖、全国特教园丁奖、武汉市模范共产党员、武汉市优秀共产党员、武汉市优秀女教职工标兵、武汉市师德先进个人、武汉市残疾人事业发展二十年"突出贡献奖"、武汉市第二届十大魅力教师、武汉市五一劳动奖章等荣誉称号。省、市电视台、报纸等新闻媒体多次对其进行专访，并作专题报道。

执着追求她热爱的特殊教育事业。她选择特教，是一个偶然的机会：师范毕业前的一天，她来到武汉市第一聋校，看到操场上几个聋孩子在表演一段舞蹈，当她看到了一双双清澈的眼睛和一张张灿烂的笑容时，她的心头一阵阵悸动，眼泪禁不住夺眶而出，多么可爱的孩子们啊！命运对他们太不公平，那一刹那，她下定了决心，一定要为这些残疾孩子做点什么，就这样，她怀揣一颗滚烫的爱心，毫不犹豫的选择了武汉市第一聋校。

她参加工作不久即学会了手语，扫清了"语言障碍"，完成了"她要为残疾学生做点什么"的第一步设想。她根据教育规律，结合聋生身心特点，积极开展特殊教育的科学研究，探索符合聋生成长与发展的特殊教育规律，大胆开拓，勇于创新。其科研成果多次在省、市级刊物上发表。为省市特教学校培训舞蹈教师 40 余人次，应中国教育部特教司邀请，参加了《全日制聋校律动教材新课标》专家组审稿工作，多次获全国、省、市级研究课、公开课、示范课的一、二等奖、教学比武一等奖、特教教师综合素质比赛一等奖等。

用真心真情引领残疾学生前行。1998 年她正式接任了学校舞蹈教学和文艺队培训的一切工作。学生的梦想，就是老师的心愿，学生的需要，就是老师的工作目标："她要为残疾学生做点什么"的第二步设想就是要让学生在将来走向社会的时候，能够阳光快乐地面对人生。

在她从事舞蹈教学之后不久，遇见了这样一位学生：学习舞蹈时显得很有灵气，有做一个好演员的潜质，但学习不是很努力，也不够刻苦。通过了解后才知道，她家在农村，父母感情不和，经济上也有困难，所有这些对她心里产生了很大的影响，而且她对自己的外形很不满意，面对这样一个有强烈自卑心理的孩子，杨老师下定决心：一定要走进她的心灵，打开她封闭的内心世界。从那以后，她特别关心这位学生的学习和生活，在文艺队的演员面前经常给她赞赏和鼓励，也一次次地找她谈心，帮她树立起生活的自信。渐渐地这位学生成为舞蹈队的优秀学员，在后来的全国、省、市残疾人文艺比赛中屡获金奖，即使是在后来没有被中残联艺术团选中的情况下，她也依然很自信，并且以优异的成绩考入了国内一流的大学——天津理工大学。在大学期间，她凭舞蹈之长，赢得了一家演出公司的青睐，走上了勤工俭学之路。类似这样的学生，在舞蹈队里还有不少。她不仅教残疾孩子舞蹈，更重要的是培养他们树立"自尊、自信、自强、自立"的精神，即便将来他们不能走上专业的舞蹈之路，这也将是他们获益终生的财富。

平日里她主动关心学生的学习和生活，只要是节假日，或者学生过生日，她就会把他们请到家里和他们谈心、聊天、吃饭；只要知道哪个孩子生病，她都会带她们去医院或诊所就诊，她甚至要求家人为生病的学生煲汤并亲自把汤送到学生的床前，学生们很是感动，都亲切地称她为"杨妈妈"。

在年前学生的一次排练课上，杨老师不幸意外受伤，造成左脚跟腱断裂，舞蹈队的孩子们到医院看到手术后躺在病床上的她，不禁失声痛哭。眼看离比赛时间只有两个月，她不顾医生的嘱咐，义无反顾地打着石膏坐着轮椅来到了学校，指导学生排练，直到大年三十都没休息。大年初四，她就拄着拐棍和孩子们为演出一起进行最后的冲刺。孩子们看着杨老师不时坐在一旁用手捏着胀痛的脚跟，都要来帮她揉揉，有的孩子心疼地掉下了眼泪。

用平常心对待成绩与辉煌。杨小玲坚信，有付出就有收获。1998 年以来，由她辅导的舞蹈类节目，在全国、省、市级各类比赛中多次获奖，仅参加全国残疾人艺术汇演就荣获一等奖或金奖 6 项，二等奖 7 项，2010 年首次代表湖北教育系统参加第三届全国中小学生文艺展演，由她参与编排的大型舞蹈《楚风乐韵》一举夺得全国舞蹈类一等奖，这也是湖北省唯一的一个一等奖。

在中央电视台录制《艺术人生》的时候，她有幸被栏目组作为嘉宾邀请到了节目的录制现场，和邰丽华等四位《千手观音》的演员共同见证了艰辛和喜悦。一位安徽籍的聋孩子和她的几个伙伴慕名辗转来到了她的学校学习。像这样慕名而来的学生，先后有十几人。从那时起，杨老师又多了一个新的目标，要竭尽全力把优秀的演员送到更高的艺术殿堂。在大家的共同的努力下，先后有 8 名学生踏进了中残联艺术团的大门。因此学校被中残联誉为“特殊艺术人才的摇篮”。家长们对杨老师感激不尽，她却说：“这是我们共同的心愿，能为每一位残疾孩子的家庭分忧，就是我的幸福。”

2006 年，由于她在工作中表现突出，被中残联艺术团借调到北京工作，期间随团出访了十多个国家和地区，“中非论坛”期间还接受了胡锦涛总书记等党和国家领导人的亲切接见。

2008 年残奥会在北京举行，她被开幕式节目组委会选中，作为湖北代表团一员，带领一行 34 名演员赴北京参加大型手语舞蹈《星星 你好》的排练和演出。由于她业务精湛、能力突出，任该节目“首席指挥”，参与了整个节目的排练和手语指挥。演出获得了圆满成功，精彩的表演震惊了世界，向世界展示了中国特殊教育工作者的风采。

她是一个执着的人——把自己的所有聪明才智奉献给特教事业，无怨无悔、默默耕耘20余年。

她是一个有追求的人——在残疾人舞蹈艺术的创作领地里，求新求变，独树一帜，孜孜以求，长袖善舞。在无声的世界里，大写人生精彩华章。

她是一个善良的人——她把满腔的情爱倾注给每一个聋哑孩子，温暖着他们脆弱的心灵，呵护着每个孩子的尊严。

为人之师，以德垂范，艺术之路只有起点，没有终点。

7. 刘培、刘洋：争相割皮救父 孝行感动天下

为了挽救重度烧伤、生命垂危的父亲，兄弟俩争相割皮救父，用自己的行动诠释了“慈乌反哺”、“手足情深”的真谛，他们就是同为“85后”的刘培和刘洋兄弟。

刘培、刘洋的父亲刘盛均在湖北襄阳一家汽配厂工作。2013年6月18日凌晨4时，刘盛均在工作时发生意外，全身96%的皮肤烧伤，生命垂危，被转至武汉市三医院抢救。其间，医院从刘盛均自体取皮做了一次皮肤移植，但效果不佳。为了挽救生命，医院提出若能从直系亲属身上取皮，是让刘盛均尽快脱离危险的最佳选择。于是，一场争相割皮救父的尽孝举动在刘培、刘洋兄弟俩身上上演。

虽然知道大面积取皮存在风险，但兄弟俩都试图说服对方，用自己的皮肤去挽救父亲。为此，兄弟两个多次争吵，甚至“打架”，都说父亲供养他俩读书累了那么多年，现在一定要救父亲，不然，即使以后有了钱也会一辈子遭受良心的谴责。就在双方争执不下时，哥哥刘培趁弟弟上班，偷偷签下了手术单，用自己的头部和背部的皮肤给父亲做了移植手术，使父亲恶化的病情得到控制。得知消息后，弟弟刘洋失声痛哭、懊悔不已。2013年8月10日，弟弟刘洋接力取皮，这次取皮和植皮覆盖了父亲剩下的绝大多数创面，植皮手术很成功。

刘盛均家庭并不富裕，妻子戴亚兰体弱多病，治疗已先后花费80余万元，绝大部分钱都是借来的。为了替父亲筹集巨额手术费，弟弟刘洋不顾家人的反对，毅然将交完首付几个月准备结婚用的一套新房抵押，所剩 20 余万元全部用于治疗。为了节约医疗费用，哥哥刘培在接受切皮手术一个星期后，就搬出了医院。

刘培、刘洋争孝接力割皮救父的事迹经地方媒体报道后，引起强烈反响，《中央电视台》新闻频道、新华社“中国网事·感动2013”、《新华每日电讯》《中国日报》、新华网、人民网、人民日报官方微博、中国文明网等中央、省市 30 多家媒体纷纷聚焦。网友纷纷对其事迹进行转发，并盛赞他们为“中国好兄弟”。短短半个月，“中国好兄弟”的感人事迹传遍神州大地，感动了千万人民。省委常委、市委书记阮成发充分肯定刘培和刘洋争相割皮救父行为，认为兄弟俩的事迹“精神感人!”。在他们的家乡黄陂，区直各部门有组织地开展学习宣传“中国好兄弟”刘培、刘洋先进事迹的活动，在兄弟俩事迹的感染下，全区 100 多家单位自发捐款，捐款总额 86 万多元。

父兮生我，母兮鞠我。养育之恩，山高水长。这是经历不幸却又满溢着大爱的一家，灾难没有击垮，却让这个家更为温暖坚强。在几近绝望的情况下，刘氏兄弟从不放弃对父亲的治疗，他们忍受剧痛移植自己的皮肤，挽救父亲生命。他们以争孝接力割皮救父的实际行动，体现着“85 后”一代的责任与担当，给传统美德注入了时代精神。他们是中华民族传统美德的传承者，是社会主义核心价值观的践行者，是和谐社会建设的推动者，是优秀荆楚儿女的领跑者，是值得学习的道德楷模。现在，兄弟俩不仅在各自的岗位上埋头苦干，还相继成立了自己的“爱心社”，组建多支扶老助幼的志愿小分队，将上慈下孝、尊老爱幼的文明古风传递给荆楚大地。

8. 江玉珍、江远斌：守住良心传承家风

江玉珍，女，1945 年生；江远斌，男，1954 年生，武汉市新洲区邾城街清安社区居民，“江家秤”第五代传人。姐弟俩为了信守江家 200 多年代代相传做秤“准确公道、分毫不差”的祖训，27 年来不为利益所动，坚持不做计量偏差的“劣秤”，更不做缺斤少两的“短秤”，被方圆百里乡亲称为“良心秤”传人。荣获中国好人、荆楚楷模等称号。

1988年，区办企业下岗的江玉珍，带着弟弟江远斌做秤谋生。江家姐弟做秤，从挑木材、刨光、制粗坯、打磨、包铜管、定刀口，到定星位，10多道工序一丝不苟、环环严谨，之后还要反复校量，一天忙下来最多只能做两杆秤。

在江家姐弟看来，宁愿做少点，少赚点，也不能砸了祖传的招牌，做秤赚钱不易，更难的却是守住心底那杆“良心秤”。祖上做的每杆秤上都有“江正兴”三个字，意为“心正则兴旺”。市场上只要说句“这是江家的秤”，买卖双方都放心。因而，常常有些人出大价钱，要江家姐弟做“带病”的秤，都被他们严词拒绝。

1988年冬天，一个鱼贩子揣着9个光洋“袁大头”找上门，要做一杆“一斤吃一二两”的短秤，许诺：“做好了，光洋归你们。”当时，1个光洋可兑10多元现金，不是小数。江家姐弟虽然贫困，但恪守祖训，钱再多绝不做这种“昧心秤”。

街上一个收猪的商人，出高价多次找江家姐弟做短斤少两的短秤。虽是多年街坊，江家姐弟仍毫不留情面，毫不迟疑，严词拒绝。那人暴跳如雷，大骂江家“板死了”、“苕死了”。

江家姐弟遵从祖训，从不做计量有偏差的“劣秤”，更不做人为缺斤少两的“短秤”。他们知道，秤上刀口距离偏差毫厘，百斤东西重量就会短少七八斤。那就是害人！他们诚实做秤，甘守贫困，常年在破旧的老房子里做秤，只能维持温饱。

2014年，经媒体报道，许多人慕名前来买江家“良心秤”作为收藏，还有企业家为员工每人订做一杆江家“良心秤”，教育员工爱岗敬业，诚信为人，诚信做事。从此，“江家秤”又供不应求。有人劝江家姐弟，适当涨价，放低标准加工赶制，多赚钱。江家姐弟总是坚定地摇摇头，不为所动。

跟许多传统手艺一样，江家手工做秤在电子秤兴起的当今也可能面临失传。江家姐弟已开始更多地从文化层面体味祖宗留下的宝贵诚信遗产，用以教育后代诚实做人，诚信经营。逢年过节，一家人总不忘重温祖宗遗训：“珍惜江家诚信好名声，就算做不成什么大事，也要多做好事，绝不能做坏事。”

两位年过花甲的老人的梦想是：传承“良心秤”精神，用诚信立身处世。虽然近些年来，电子秤已经取代了杆秤，生意大不如前，江家秤铺却仍然每天开门营业。江家姐弟说，虽然现在做秤的人少，但担心过去老顾客手上的秤用坏了，需要修理又找不到维修点，让秤无法使用，所以他们希望能维持把店开下去，如果条件好点可以把店面做得有特色，以手工制作收藏秤进行传承。

江家秤“称”的是斤两，体现的是良心，传承的是家风祖训，树立的是诚信。“诚实无愧往来客，守信坦对天下人”，江家姐弟用诚信打磨出的杆秤，继承了200年的家风，传递了永恒的价值，历久弥新。

9. 官东：生的希望留给别人

长江“东方之星”号客轮翻沉事件发生后，海军工程大学潜水分队队员官东主动请缨参加救援，与战友从翻沉的漆黑混乱船舱奋力救出两名幸存者，在关键时刻无私无畏让出带面罩的潜水装备，浮出水面后双眼通红、鼻孔流血。官东的英勇表现受到李克强总理特别赞扬。

危急关头他主动请缨。2015年6月1日21时30分左右，“东方之星”号客轮在长江湖北监利段翻沉。

6月2日早上9时，官东作为第一批潜水救援力量投入战斗。“水很冷，身体发凉，心里也一直在打鼓。”谈到第一次下水时，官东说道。按照事先方案，第一时间就是找舱门，江底的能见度很低、流速大，“找到舱门后，用钢丝将门固定后，就直接进了船舱。”从找舱门到拉开舱门，一共花了约十分钟时间。船舱内一片漆黑，官东便用手摸着楼梯，将楼梯上的杂物移开后继续往上走。刚移开楼梯上的杂物探出半个身子，就见到一名老太太站在面前，左手握着钢管，右手握着手电筒。老太太一看到搜救人员就哭了起来。官东安慰老人，他给老人一套潜水装具，然后和地方航道局潜水员一起带着老人从船舱内出水。

6月2日12时55分，朱红美老人顺利获救，成为沉船中首位被救出者。

二次潜水救人他绝地求生。14时15分，当生命探测仪探测出生命迹象后，官东再次下水，根据检测，被困人员在机舱，他下水后来回在机舱外围找了3圈，也找不到舱门，也不知道人员在哪里。到第4圈时，终于找到入口。

“机舱和客舱不一样，机舱内充满一股柴油味。”官东说道，当他上了机舱二楼，就看到一个小伙子盘坐在管道上，两眼发呆，头发、脸上全是油污，嘴巴里吐着废油，也不说话，丝毫没有求生愿望。“问了他三四句话以后，他才说了第一句‘你来了’。”这就是第二位幸存者陈书涵。

后来，战友带下来便携式救援设备，这个小伙子不会使用也不想用，紧急关头，官东不假思索地将自己的设备取了下来，直接套在他身上，并让其他两名潜水员护送他上岸，陈书涵被顺利救出。官东最后一个出水，此时，轻潜装具的压缩空气快用完了，他果断卸掉身上的压铅和无气的气瓶，从江水深处潜游出水面。出水时，官东双眼红肿，耳朵胀痛，鼻孔出血，现场响起了阵阵掌声。这是一个冒险的举动，但这位“救人英雄”没想那么多，他说：“救人才是第一位的!”

冒险救出陈书涵后，官东受到李克强总理的接见，并荣获一等功，但在官东看来，荣誉不仅属于自己，也属于战友、属于潜水分队集体，所有参与这次救援的人都是英雄。

第四章　武汉地区高校思政课优质教学资源共享机制的构建

众所周知，我国目前的教育结构与布局仍不合理，对教育资源的投入严重不足，优质教育资源的分布极不均衡。在高等教育领域，这一问题依然十分突出。正因为如此，《国家中长期教育改革和发展规划纲要（2010—2020年）》指出，要“充分发挥现代信息技术作用，促进优质教学资源共享”。2013年11月，教育部党组在《关于认真学习贯彻党的十八届三中全会精神的通知》中进一步明确提出：“贯彻落实全会精神、深化教育领域综合改革，要优化资源配置，大力促进教育公平，提高教育质量。”强调要“构建利用信息化手段扩大优质教育资源的有效机制”。可以说，促进高校优质教学资源共享，是解决我国优质教学资源分布不均衡的有效途径。

在当前条件下，高校所有优质教学资源（包括硬件和软件）都应该尽可能做到开放、共享。思想政治理论课优质教学资源自然也不例外，而且因其通用性强、共享成本不高等特点，应该比其他课程做得更好。

一、我国高校优质教学资源共享的现状

在一定的区域内，由教育主管部门牵头，联合各高校对其优质教育资源进行整合、共享，打破原有的竞争界限和隔阂。共享内容包括教学设备、优质课程、教学名师等多种形式。这样，可以在保证不重复开发、不浪费大量教育经费的前提下，实现各高校的优质教育资源充分利用，最大程度节约教育经费，在现有人力、物力、

财力条件下最大限度提高教育教学质量。

当前，我国高校优质教育资源共享的现状存在以下主要问题：

一是共享层次不高。

目前我国高校教学资源共享表现为高校内部共享较多、各个高校之间共享较少的现象。实际上，高校内部的教育资源共享一直都存在着，如高校内部各院系共用一个图书馆，在同一个操场上锻炼身体，在同一间食堂吃饭，在同一栋教学楼上课，校内开设共同的选修课等现象，这些都是资源共享的表现，只不过这些早已成为高校校园生活的一部分，以至于很少有人把这些与资源共享联系起来。被人们忽视的原因是因为这些属于最基本的共享行为，与其说它们是最基本的共享行为，还不如说它们属于“低端”共享更好理解，与之对应现阶段我国高校内部各职能部门之间的“高端”共享实际上却并不多，目前还是处于各自为政的局面。譬如，同一所高校的教务部门、各分院系、学生部门都各自有各自的网络信息平台，他们之间几乎没有合作共享，基本上都是各做各的事情，学生入学以后学生处需要采录学生的一些信息，各分院系需要采录学生同样的一些信息；同时，教务处学籍科在管理学生学籍的时候还需要再采录一遍信息，这样做不但浪费了大量的时间，而且效率还低。在教学过程中，有的课程用的是 BB 系统平台，有的课程用的是 ican 系统平台，缺乏技术集成和管理统筹，这样就使得教师在期末输入学生成绩时教学资料不统一，在教学检查时问题众多。再如对于一些优秀师资、优质课程，甚至包括一些好的实验、实训平台，校内的共享效果也不是很好，一所学校内部的资源共享都尚不完善，那么高校之间的共享就更少了。

二是政府参与少，缺乏规范性和制度化。

从共享的规范性来看，个体自发的行为居多，规范性、制度化的行为较少。目前，我国高校教育资源共享整体上呈现出无序、零散、不规范的状态，绝大多数的共享行为主要依靠一些私人关系获取相应的资源，都是自发行为，如图书资料、数据信息等，对于教师来说，他们需要依靠自身的人际交往、学术地位等来实现共享，对于普通学生来说，他们要想获得所需的资源，主要依靠自己的导师或者其他学校自己认识的同学来帮助。即使在同一所学校内部，大部分的共享也主要是依靠一些私人关系、学缘关系才能实现。规范性的、制度化的共享行为很少，同时政府在共享中的参与度低，力度也不够。相对而言，目前教学资源共享做得比较好的是图书馆资源的共享。现在各个高校内部基本上都实现了图书馆资源的共享。为了供校内共享使用，各高校基本上都购买了相应的学术资源数据库，但是各高校校际之间的图书馆资源共享仍未普遍实现，各高校数据库平台的兼容性较差，甚至有些还不兼容，许多外校的用户很难直接享用该校的图书馆资源。如果想用，只能通过馆际互借、文献传递以及到校信息查询等方式来实现，这就为共享增添了许多困难。

当然，目前也有一些看起来比较规范的资源共享方式和途径，如高校联盟和大学城等，但仍然只是表面现象，真正意义上的资源共享没有完全实现。许多地区的大学城仅仅是把几所大学从形式上聚集在了一起，但在资源的共享方面却根本谈不上，如上所述的最简单的图书馆资源的共享都难以实现，就不用说其他的了。高校联盟近几年发展很快，全国出现了各种各样的高校联盟，如我国首个名校联盟——“九校联盟”（2009 年 10 月建立)、“高水平行业特色大学优质资源共享联盟”（2011 年 4 月 23 日成立)、“北京高科大学联盟”（2011 年 10 月 19 日成立）等。这些联盟虽然形式各不相同，但是它们的目的之一是相同的，那就是通过资源共享，实现区域高校的共同发展。目前，由于这些高校联盟成立时间比较短，大多数只是签订了共享合作的框架，还没有广泛开展具体资源共享行为，仍然存在着许多问题。

三是重复建设，轻视共享。

各高校之间资源重复建设现象突出，“资源孤岛”现象严重。由于我国高校的教育资源都是在封闭的环境下自己建设的，因此同一区域内存在大量的不同高校教育资源的重复建设问题。如西安的大学城内，不同的学校都建设了藏书相似的图书馆、操场、体育馆、内容相同的课程等，从而造成了高校物力、人力、财力等各种资源的严重浪费，导致高校教育资源的使用效率低、成效差。各个高校虽然都有自己的教学资源，但高校之间缺乏统一的技术平台和标准，导致高校的教学资源不能实现彼此之间的联系，没法形成共享，高校只能形成一个个的“资源孤岛”。

四是缺乏共享的优质资源。

从共享的程度而言，各个高校间仅有基础资源共享，而无高端的教育教学资源共享。从教育资源共享的总体程度上来讲，我国各个高校之间的共享程度较低，许多高校间的共享还徘徊在较低的水平上，许多高校间的资源共享仅是将边缘化的教育教学资源和无关紧要的教育资源拿出来与其他高校共享，而对层次较高的资源却不愿与人分享，对优质的教育资源隐藏较深，这是现阶段我国高校间教育资源共享的主要表现。这种表现方式直接决定了共享效果不尽如人意。

为了促进优质教学资源共享，许多省会城市规划建设了大学城。有学者对某省会城市大学城的周围 5 所高校进行了调查研究，5 所高校的地理位置相对较近，且都具有较为丰富的教育资源，但却没有将各自的优质教育资源进行相互共享，5 所高校仅在地域上处于相互聚集状态，却未在教育共享系统上形成联系，可以说各个高校仍是在各自为战，这与“大学城”的称谓不符。各个高校间缺乏合作共享的战略意识和准备，各个高校仅是聚集，却无一个专门的管理机构对各个高校间的融合、共享平台进行资源整合和管理，5 所高校间也未形成互选课、互认学分的共享机制。此外，5 所高校间的管理很严格，临近两所高校间的探访制度都很严密，甚至相互临近的两所高校间的互访都存在一定的障碍。学生必须凭借自己的学生证才能进入其他高校。各个高校的教师和运动场仅在学校偶尔举行联谊会时才向其他学校学生开放，而对于“图书馆”“实验室”等高端优质教育资源来讲，就如铁笼里的金丝鸟，只能持有本校学生证的学生才能进入阅读和借阅，对外校学生是严禁进入的。就师资共享来看，实现也是遥不可及的。例如，民办高校缺乏专业课教师，而公办高校却又明文规定本校教师不得在外校“任课”“兼职”，而想要实现各高校间的选修课互选，更是遥不可及了。即使是广东大学城那样被认为资源共享较高的地方，也存在着选修课无法互选的难题。资料显示，广东先后在大学城10校和石牌6校之间推广“课程互选”和“学分共认”，然而实施到了今天，已然只是一个噱头，毫无实际价值。有人曾于2011年11月28日登录“广州大学城高校互选课程管理系统”，点开“互选课程”，发现2011—2012学年第一学期，只有华南师范大学（9门，其中含2门网络课程）、广东外语外贸大学（1门）两所大学开设了互选课，中山大学、华南理工大学、广东工业大学、广州中医药大学、广东药学院、广州美术学院、星海音乐学院、广州大学等都没有开课，所有选课学生加在一起仅2210人，与大学城内十几万的学生总数相比，这个比例几乎可以忽略不计。此外，还有的高校一边向外宣城“协调配合、资源共享”，一边又对自己的优质教育资源有所保留。正如一些学生所言：“共享的仅是各高校的食堂，实验室、图书馆的共享无异于痴人说梦。”还有的学生说，理工科学校却开法学互选课，实在有违教育的本质，学生无法在这种互选课中学到真正的知识。作为资源共享代表的大学城，内部高校在资源共享时尚且有所保留，其他各高校之间的共享效果就更是可想而知了。

二、高校构建优质教学资源共享机制的原则与配套制度

高校实现优质教学资源共享，达到教学资源优化配置和提升教育教学水平的目的，关键是建立起切实可行的共享机制。

（一）构建教学资源共享机制的原则

构建教学资源共享机制必须坚持以下原则：

一是以提高教育教学质量为宗旨的原则。

各高校要摒弃狭隘的利益观念、传统的关门办学思路，从办人民群众满意的高等教育的政治高度来认识大学提高教育教学质量的意义，以教育教学质量为宗旨，积极主动开放教学资源，通过校际合作提高人才培养质量，让广大学生享受优质高等教育。

二是实现互利双赢原则。

教学资源共享的目的是校际合作，充分发挥各高校优质教学资源的辐射作用，提高优质教学资源利用率，实现优质带动，优势互补，达到提高教学质量的目标。为了调动各参与资源共享建设高校的积极性，保证教学资源共享体制的可持续发展，必须在共享制度设计、保障措施等方面充分体现互利双赢原则，使学校无论大小强弱，都能在共享中受益。

三是合理经济补偿原则。

无论是师资还是硬件教学资源，都是经过所属高校多年建设、积累的结果，不仅投入了建设学校的大量物力和财力，更凝聚了他们的心血和智慧。为了鼓励各院校提供优质教学资源的积极性，实现优质教学资源利用最大化，必须坚持优质资源有偿共享原则。要根据不同教学资源运行成本，核算出经济补偿数据，对教学资源提供学校以合理的经济补偿。经济补偿原则不仅能有效激励各学校输出优质教学资源，更有利于提高各学校建设优质教学资源的积极性，使学校将有偿共享所获得的收入进行再投入，促进优质资源建设的可持续发展。

四是优质教学资源社会统筹原则。

优质教学资源短缺，是我国高等教育目前的客观现状。实行教学资源共享必须改变传统的教学资源学校本位观念，应该把教学资源视为社会公共资源，让优质教学资源得到充分的利用。

（二）构建教学资源共享机制的配套制度改革

为了更好地实现教学资源校际共享的目标，需要政府教育主管部门积极协调，帮助解决资源共享过程中的体制方面的问题，推动资源共享的实行。

构建高校教学资源共享机制，必须对现有高校教学管理、行政管理、后勤管理等方面制度进行相应配套改革，从而为教学资源共享的实施创造必要条件。

1. 人事制度与教师管理体制改革

首先，打破传统人才观，建立师资资源社会所有新理念。实现师资共享首先要进行人事观念的更新。高校管理者不应把师资看做是本单位的独有资源，而是看做全社会公共智力资源，对人才做到不求所有，但求所用，为师资资源逐步由“单位人”变成“社会人”扫清观念障碍。

其次，建立科学的人才流动模式和共享机制，促进师资资源合理流动，优化配置。要针对不同层次、不同方式的师资共享模式制定相应的制度，形成师资资源共享的激励机制。简单易行的师资资源共享是突破“校园围墙”现象，允许教师在本校教学任务不满的前提下，跨校接受教学任务。进一步层次的共享是打破教师学校所有体制，进行师资社会化管理。引进竞争机制，推行高校自主聘任、教师竞聘新机制。

再次，建立科学统一的教师考评新机制。在教师多模式流动，跨校排课、学生大量跨校选课的情况下，对教师的工作质量及业绩进行考核，就成为教师管理的一个新课题。有必要建立起高校教师考核的统一管理制度，校际相互承认教师在其他学校中的工作业绩考核评价结果。

2. 完全学分制改革

教学资源共享的有效方式之一，便是推行学生跨校选修课程模式，实行校际学分互认。实行跨校选修课程模式，变教师流动为学生流动，更方便教学管理与教师管理。学分互认可以充分利用各院校的优势学科和名师资源。学生跨校选修课程，不仅有效实现了优质师资资源共享，促进学生综合素质的提高，而且对提高各校教师的教学质量也能起到督导与促进作用。因为跨校选修课程实际上是学生对教师的选择与评价过程，教师教学质量不高，就难以吸引学生选课，从而无形中形成优胜劣汰的竞争机制。

推行校际学分互认共享模式，就必须进行相应的学分制改革。我国目前许多高校虽然实施了学分制，但是还不彻底。绝大多数院校依然是只有学分制之名，实际上实行的是学年制，只不过是在学年制之下给每门课程规定了个学分值而已。在这种教学模式下，学生并没有获得学习的自主权、选择权。只有进行完全学分制改革，才能为学生自主学习、自主选课提供必需的空间，使学生根据自己的专业要求以及个人兴趣，安排自己的学习计划，选择自己的修课内容。当然，走到这一步难度会很大。武汉市某地方高校近年来一直在推进所谓的“完全学分制”。推进过程中遇到重重困难，效果也有待专家评估。学分制改革是一个系统工程，需要努力探索下去。

推行校际学分互认，也需要对各院校专业人才培养计划制定方式进行相应改革。目前各院校的学分值标准大多不尽一致，各门课程的学分要求也因校而异，因专业而异。为了便于推行校际学分互认，有必要对学分进行标准化协调。首先对共享院校的学分值进行统一规范。其次对公共基础课程学分要求作出统一规定，这样才便于共享服务面中最广泛的公共基础课程的跨校选课。再次要对专业基础课、部分专业课以及实验实训课程，在同类性质专业中尽可能进行归类统一，从而为这部分课程的跨校选课创造条件。还有必要针对不同专业对学生知识能力的不同要求，对部分专业基础课、专业课制定不同学分的细化标准，如数学、力学课程，可针对不同专业要求，分别制定出多学分与少学分的多种课程学分标准，使学生可以结合自己的专业要求选修相应的课程。

3. 学制与学费制度改革

推行校际学分互认共享模式，实行完全学分制，有必要对学制进行改革。国外高校与完全学分制实行相配套的制度是弹性学制。这是因为完全学分制不是以学生修课的时间长短为标准，而是以学生所完成的学分数量为标准计算其学业的。这就必然要求改革学生的毕业条件，学生修满规定的学分便视为完成学业，应该准予毕业。推行弹性学制，可以为学生跨校选课提供更充裕的条件，有利于调动学生的学习积极性，也有利于贫困生灵活安排自己的学习进程，边工作边上学，使政府与学校对贫困生的救助措施更加有力。

推行校际学分互认共享模式，也有必要对学费制度进行改革。与学年制相适应，我国现有的高校一般地是按照学年收取学费。实行完全学分制，并且实行弹性学制后，就必须改革目前的学费制度，实行按学分交纳学费办法。如此，学生将不是按学年统一交纳学费，而是每学期交一次学费。每学期的学费取决于学生该学期所选课程的学分多少而定。学生课程不及格需要交纳重修学费。学校也并不会因为学生提前毕业而减少学费损失，这样也会调动校方实行弹性学制的积极性。推行学分制学费更有利于校际学分互认的实施，学生选修哪个学校、哪个老师的课程，就把学费直接交到哪所学校（当然也可以通过校际财务划拨方式转移学费），这是教学资源共享模式下进行校际经济补偿的可行方式。

4. 后勤管理改革

教学资源共享既然包括了教学硬件设施资源共享，所以学校后勤管理的改革的必然性也就不言而喻了。后勤管理要通过制度改革，方便校际对硬件教学设施的使用，更便捷地让这些基础设施成为校际公共资源，同时体现对共享设施的合理利用。

三、高校优质教育资源实现共享的对策

要想切实推动我国高校教育资源共享的全面实现，就一定要从当前制约共享实现的障碍入手。一旦清除了这些障碍之后，共享自然就会得到全面发展。

（一）进一步强化教育资源共享意识

彻底转变思想观念，真正树立教育资源共享的意识彻底转变传统的“小农意识”“个体主义”，摆脱过去高校发展“单兵作战”的状态，真正树立高校之间教育资源共享的意识，养成善于从其他学校那里获得促进自身发展资源的意识。这样，既可以避免了自己不必要的经费支出，同时也提高了教育资源的利用效率，对于我国高等教育的整体大发展有着深远的意义。

首先要正确认识什么是教育资源共享，尤其是高校的领导群体一定要从思想上对高校教育资源的共享有一个清楚地认识，就要意识到：高校教育资源的共享不是仅仅局限于网络电子信息资源如数据库等的共享、图书馆资源的共享等，而是包括科研仪器设备等硬件、教师等人力资源以及优质课程资源等所有与培养学生有关的资源的共享；由于资源共享是涉及政府、高校乃至个体等全方位的利益协调等情况的复杂问题，因此对于高校教育资源的共享一定要有一个全局的思考、整体的把握，消除或者减少共享过程中出现的不同主体之间的利益纷争，从而推动共享的顺利进行；高校之间教育资源的共享不是只有强强联合，不是说只有“工程”高校、“工程”高校等“重点高校”之间才能实现教育资源的共享，只要有需求和供给，共享就可以实现；共享不是免费的，也不是无偿的，共享是可以收费的，因此，高校要充分认识到在教育资源共享过程中，适当的收费是允许的，也是必要的。这是保证高校之间教育资源共享顺利开展的前提条件，有助于激发资源提供方的积极性和主动性。

另外，充分意识到高校教育资源共享的好处及意义，真正树立教育资源共享的意识。当前我国高校之间教育资源共享程度不高，其中一个很大原因就是学校领导或其他群体仍然抱有这样的想法：共享就意味着失去，意味着我自己受到了损失，自己“苦恨年年压金线”，却是“为他人作嫁衣裳”。要彻底转变这种观念，使高校领导等明白共享其实不是失去，共享是一种互利，是一种合作，是一种共赢，从而促使其愿意把自己的资源拿出来与别校、别人共享。资源共享的一个好处就是对于提供资源的高校或对于所提供的资源本身所造成的损失可能并不大，甚至不会造成损失（一些硬件设备可能会有一些损耗、维修等费用，但是可以通过收费解决），但是却可以使参与共享的高校或个体都会从中受益，实现优势互补、共同提高。俗话说，“它山之石，可以攻玉”，借助于其他高校的教育资源可以促进自身的发展，既节约了教育资源，解决了资源短缺的局面，同时又提高了教育资源的利用效率，避免了资源的重复设置，这不失为高等教育良性发展的一种策略。有个故事是这样的：有位农民种的玉米总是在各项评比中获奖，记者问他成功的秘诀，他说："关键在于我每年都把最好的种子分给邻居共享。"看到记者迷惑不解，他接着说："如果邻居家种植了次等玉米，交叉授粉会降低我家玉米的品质，所以邻居家的玉米同样重要。"这个故事生动的说明了资源共享的重要性，如果农民不把好种子分给邻居，那么庄稼地里的玉米便会良莠不齐，时间久了，自己地里的优质玉米质量也会越来越差。高等教育亦是如此，要想全面发展，整体进步，就应当努力形成教育资源共享的良好局面。这样，资源优势的高校可以带动处于劣势地位的高校，处于劣势地位的高校反过来又可以促进资源优势的高校，从而在共同提高中实现整体跨越式的发展。

正确看待竞争与共享之间的关系当前我国高等教育领域存在一个不良风气：竞争明显大于共享、合作。要强化教育资源共享的观念，就要明确认识到竞争与共享二者之间是可以共存的，二者不是对立矛盾的关系，而是对立统一的关系。一方面，竞争是必要的，竞争能够促进共享。竞争是市场经济环境当中的必然产物，只有市场才有竞争，计划没有竞争，高校在市场经济中通过自由竞争，清楚自己需要什么，在哪些方面是短板，为了提高自己，从而能够主动的、积极地去寻求与其他高校的合作、共享，而其他高校如果觉得与其共享也能够对自己有利，在这种情况下，二者之间的共享就可能实现，因此，良性竞争、适度竞争能够有效的促进高校之间教育资源的共享。另一方面，共享可以避免恶性竞争，实现高校的共赢发展。当前我国高校之间的竞争更多的是属于恶性竞争，是属于那种"有你没我""你上我下"的竞争态势，要么相互对立，靠盲目抢夺闹得两败俱伤，要么"老死不相往来"，生怕对方强大了，超过自己，于是各自为战，互不合作。这种竞争对于高校的发展，对于整个高等教育的发展都是非常不利的，整个高等教育就处于一种"内耗"的状态中，何谈与区域外高校、国际高校竞争。因此，要彻底扭转这种被动局面，高校不应当仅仅看到其他高校与自己存在竞争的一面，而应更多的关注相互之间的利益契合点，高校之间应当是在良性竞争的基础上实现教育资源的共享，应当从更高的层次去重新审视之间的关系，学会合作，学会资源共享，提高合力，共同发展，最终实现共赢。

（二）建立政府宏观调控下的教育资源市场化配置机制

推动我国高校教育资源共享实现的一个前提条件就是尽快建立政府宏观调控下的教育资源市场化配置机制，以市场机制来推动教育资源在高等教育领域的自由流动，从而达到资源共享的目的。资源配置方式是指以什么方式将社会资源分配到国民经济各个组成部分中去，以保证经济的正常运行和社会资源得到最有效的配置和使用，从而满足人们各种不同的需要。采用何种方式去分配和利用资源，从而达到资源配置与利用的合理与有效，这就是资源配置方式所要解决的问题。现代社会的资源配置方式无外乎两种基本类型：计划配置和市场配置。计划配置是指以政府为资源配置的中心和决策者，政府在资源配置中起基础性作用，以行政指令、计划为资源配置主要手段的资源配置方式。市场配置是指通过市场机制的作用，以参与市场竞争的各个分散的经济主体为资源配置决策者的配置资源方式。实际上，“在现实经济生活中，无纯粹的计划方式和市场方式，只有以哪种方式为基本方式的区别”。具体到高等教育资源的配置也是如此，在我们国家，传统教育体制下的高等教育资源完全由政府控制，以政府行政计划手段来进行配置，结果却造成了两种矛盾：一是国家财力有限，教育经费严重不足，政府对于高等教育的供给能力远远不能满足社会发展的需要，即教育资源短缺现象严重；二是有限的教育资源未能得到合理有效的配置，教育资源重复配置、浪费现象严重。要解决这些矛盾，推动高校之间实现教育资源的共享应该说是一个有效方法，而实现共享的一个前提条件就是要建立政府宏观调控下的教育资源的市场化配置机制。

当前我们国家高等教育的市场化机制还不完善，计划体制的特点依然十分鲜明，因此，现阶段我们必须做到以下两点：

继续加大社会力量办学，实现办学主体多元化政府宏观调控下的教育资源市场化配置机制的一个重点就是打破传统的由国家包揽高等教育办学的旧格局，将市场机制引入高等教育领域，从而调动社会力量投资高等教育，实现高等教育办学主体多元化，社会可以通过各种形式如捐赠、投资、设立基金等为高等学校提供资源，他们也越来越成为我国高校教育资源来源中的一支不容忽视的力量。一方面，能够有效增加高等教育资源的供给，缓解高等教育供给与需求的矛盾，同时也减轻了政府投资高等教育的压力；另一方面，有助于满足社会成员日益多样化的教育需求，社会力量办学主体能够及时地迎合社会的需求而开办相应的教育，比如说就业前景好的专业、社会急需的专业等，对于市场的需求变化反应更为灵敏，因此，往往能够比较好的满足公众对高等教育的不同需求，为市场及时的提供所需要的人才。这对于高校教育资源共享所带来的好处就是能够避免“千校一面”局面的产生，有利于高校办学特色的形成，不同办学主体投资所办的高校往往拥有不同的优势学科、优势专业等资源，这就为不同高校之间实现教育资源的共享提供了契机。《国家中长期教育改革和发展规划纲要》中也指出：“坚持教育公益性原则，健全政府主导、社会参与、办学主体多元、办学形式多样、充满生机活力的办学体制，形成以政府办学为主体、全社会积极参与、公办教育和民办教育共同发展的格局。调动全社会参与的积极性，进一步激发教育活力，满足人民群众多层次、多样化的教育需求。”这无疑为继续加大社会力量办学，推动高等教育办学主体多元化提供了政策依据。打破“部门所有制”，实现教育资源的合作共享、优化配置建立政府宏观调控下的教育资源市场化配置机制，就要打破教育资源的“部门所有制”，实现教育资源的合作共享，从而使教育资源达到最优配置。当前我们国家高等教育资源配置的“条块分割”、“部门所有”现象仍然非常严重，高校根据不同的主管部门、不同的办学主体归属于不同的“阵营”，它们之间经常是处于分散、分割、分离的状态，相互之间互相竞争、互相排斥，处于不断地“内耗”之中，缺乏有效地合作、共享，导致高等教育的整体发展水平不高。根据治理理论，今天的我们越来越生活在一个相互依赖的环境当中，没有哪个机构拥有充足的资源和知识可以独自解决所有的问题，在解决公共事务时，相互依赖的主体之间往往倾向于采取合作行动，通过资源共享来获得共同的提高。高等教育也是如此，高等教育要想发展，依赖于各个高校之间的通力合作，互通有无、优势互补，因此，要建立政府宏观调控下的教育资源市场化配置机制，就要打破教育资源的“部门所有制”，实现高等教育资源在不同高校之间、同一高校内部不同院系之间的共建、共享，避免资源的分散和重复建设，从而实现教育资源的优化配置，形成高校之间互相促进、互相支持、互相配合的良性竞争合作关系，更快地形成整体合力，加快推进我国高等教育水平的整体提高。打破“部门所有”，高校要树立“不求所有，但为我用”的思想，积极利用已有的存量资源，提高存量资源的利用效率，同时促进新增资源的整合，实现新增资源的优化配置。教育资源的归属虽然有边界，但是资源的利用则无边界，虽然一所学校可能并不拥有对某一教育资源的所有权，但是这并不妨碍这所学校拥有对该资源的使用权等权利，实现资源利用从“静态”到“动态”的转变，使资源真正流动起来，流向最需要的地方。各学校要为教育资源的校际流动扫清障碍，提供条件，如教师资源方面，实现教师由身份管理向岗位管理的转变，实施灵活的人事聘任、管理制度，促进教师之间的合作及校际共享；信息资源方面，各高校要努力实现电子信息平台的对接与互联，提高各类平台、数据库的兼容性，实现高校之间各类信息资源的互联、互通、互用等；科研仪器设备资源方面，打破各高校之间的壁垒，使仪器设备不再“束之高阁”、“养在深闺人未识”，而是“走出深闺”，实现高校之间的整合、共享；课程资源方面，努力实现校际之间的课程互选、学分互认，研制校际间学分转换机制等，为高校之间课程资源的共享扫除障碍等。

（三）真正落实和扩大高校办学自主权

制约当前高校之间教育资源共享实现困难的主要原因之一，就是高校缺乏办学自主权，受到的外部约束、限制过多。这其中最主要的就是政府对于高校的干预过多、干预方式落后等。温家宝总理曾说过：“一所好的大学，在于有自己独特的灵魂，这就是独立的思考、自由的表达。千人一面、千篇一律，不可能出世界一流大学。大学必须有办学自主权。”所谓的“自主权”实际上是指“自我主持的权力”。

任何自主行为，必须满足三个条件：第一，它是行为的决定者，是行为的发动者；第二，它是行为实施过程中的调节者；第三，它对行为之结果负责，对所实施行为承担着义务和责任。因此，要推进高校教育资源共享的实现，一个非常重要的前提就是要转变政府的角色，革新政府与高校之间的关系，赋予高校更多的自主权，使高校成为适应市场经济的独立的市场主体。只要具有了充分的自主权，高校就会主动的根据自身实际情况、发展需要去寻求或提供资源共享，会随时调节共享过程中出现的各种问题，并且承担因为共享而带来的利益分配等后果问题。也就是说，我们要做的工作就是去掉“捆绑”在高校身上的各种束缚，为高校“松绑”，使高校成为一个能够自由活动的“人”。

政府的一项重要职能就是公共管理。从近代到当代，从古典自由市场经济到现代市场经济，公共管理经历了从计划模式到市场模式的演变，其中政府的角色也在不断地发生着变化，经历了：看不见的手——“守夜人”角色（自由资本主义时期）、看得见的手——“万能”政府（20世纪二三十年代开始）、重塑政府（20世纪70年代以后）、寻找“第三条道路”。① 鉴于计划的弊端与市场的失效，治理理论为我们重塑政府的角色提供了新的思路。由于治理理论主要是围绕着“相互依赖”“促进协调”“协商”“洽谈”“信任”“合作”等概念展开的，因此，政府不再是“划桨”，而是“掌航”，不再是“运动员”，而是“裁判员”，政府不再事无巨细的参与公共事务的每一个方面，政府权力的触角延伸到包括私人领域在内的一切领域，而是采取适当放权，“有所为有所不为”，有机地协调参与治理过程的各个主体间的责、权、利等的分配以及各个主体之间的相互关系，即从全能型政府转变为有限政府。治理理论并非不要政府，也并非是削弱政府在公共管理中的地位和作

① 祁占勇、陈鹏：《治理理论语境下政府与高校关系的“善治”》，载《中国高等教育》2008年第5期。

用。政府的作用是不可或缺的，“良好的政府不是一个奢侈品，而是非常必需的。没有一个有效的政府，经济和社会的可持续发展都是不可能的”。强调政府角色的转变，意味着政府只是“从被没完没了的琐碎小事所掩没的黑暗平原上撤退，进而在明朗的、可策略性‘总览全局’的制高点避难”。既然政府的职能之一是公共管理，那么作为事业单位重要组成部分的高等学校，也理应由政府承担起管理者的角色。“在任何情况下，现实不会自行改造”，往往需要政府对它施加一个力量，进行干预。高校教育资源的共享也是如此，特别是在我国共享的意识和程度都不是很高的情况下，政府的引导和支持就显得更为重要。

根据治理理论，为了推动高校之间教育资源共享，政府应该做到以下几点：

首先，强化服务意识。政府应该树立为高等学校的健康、和谐、有序发展保驾护航的意识。政府在我国高校教育资源共享过程中扮演了共享助推者的角色。新公共管理理论中的治理理论认为，对于政府部门而言，治理就是从统治到掌舵的变化治理理论主张政府在实行公共行政管理中应该只是制定政策而不是执行政策，即政府应该把管理和具体操作分开，政府只起掌航的作用而不是划桨的作用。因此，在高校教育资源共享过程中，政府一方面要通过制定各种政策来引导和规范高校的共享行为与方向，保证共享是在一条健康、正确的道路上前进。尽管有些地方已经开始研制关于科技资源共享的法规，但是国家范围的关于高等教育资源共享的相关法规还是个空白，立法的缺失已经越来越阻碍高校教育资源共享的实现，因此，共享立法刻不容缓，亟需出台全国范围的资源共享法律，将包括高校、科研院所、企业等在内的教育科研资源共享纳入法制要求，从法律的高度来促进和约束共享行为；地方政府也要出台相应的共享法规和规章，作为对共享法律的解释和区域资源共享的指导、规范，从而形成从上到下的、完整的关于教育资源共享的法规体系；另一方面，政府要努力为高校教育资源共享提供各种服务，如平台建设、信息服务等，从而为共享的实现扫平障碍。

其次，提供财政支持。政府在我国高校教育资源共享过程中主要扮演了资源供给者的角色，这可以说是政府在高校教育资源共享中所承担的一种最基本的角色。在我国，高等教育主要由国家根据经济建设和社会发展的需要，制定高等教育发展规划，举办高等学校，采取多种形式积极发展高等教育事业，并且主要由国家和省级政府管理，高等学校的教育资源主要依靠国家提供。各级政府作为公立高等学校的举办者，要严格履行自己法律上的投资承诺与义务，确保对这些高等学校的投入，为其提供尽可能多的资源条件。尽管有些老生常谈了，但是却仍然不得不提，各级政府要努力设法为高校提供充足的办学经费，充分保证高校办学经费在各级政府财政预算中应占的比例，从而为高校解决财政上的后顾之忧。只有当高校拥有了充足的财政经费，才有可能转化为更多的教育资源。另外，要关注“弱势群体”，实现投入的适度倾斜。当前我们国家高等教育存在着一个弊端就是政府过于重视少数的重点大学”，而对大量的“普通大学”的支持力度明显不够，导致这些学校办学经费缺乏，发展受制，已经严重制约了我国高等教育的整体提高。高等教育的发展不是靠几所名牌大学就能够带动起来的，而是要靠整体水平的提升，因此，根据补偿原则，政府也应该加大对弱势学校的投入力度，尽快缩小与“重点大学”的差距。此外，还要投入专项资金用以扶持高校教育资源的共享。各级政府要投入专项资金来支持高校教育资源的共享包括国家继续保证对现有资源共享平台的投入力度，如“高等学校仪器设备和优质资源共享系统”“中国高等教育文献保障体系”等，保证这些共享系统的正常运行；地方政府也要针对本区域的高校教育资源共享行为提供必要的资金扶持，为区域搭建共享平台等。同时，作为高等教育投资重要主体的政府，应当保证自己成为投资国家高等教育事业的表率，努力成为社会其他资源提供者如企业、事业单位、个人等的榜样，并为这些投资主体创造良好的投资办学环境，从而激发他们为高校提供教育资源的积极性和主动性。因此，政府应当在高校教育资源共享过程中发挥重要的作用，如搭建共享平台，提供公益性、基础性的资源共享平台，为高校教育资源共享创设条件，为参与共享的高校提供税收优惠、补贴以及扶持等。

最后，改变管理方式。政府应该变直接干预为宏观调控，变微观管理为宏观管理，减少和规范对学校的行政审批和直接干预，更多地运用法规、政策、标准、公共财政等手段引导和支持高校发展。政府对高校的管理要“简政放权”，把该管的管好，把该放的放开，改革政府与高校的传统行政隶属关系，构建政府与高校之间的新型关系，使高校不再是政府的“下属单位”，而真正成为独立的市场主体，赋予和扩大高校的办学自主权，由学校根据自身特点、实际情况而做出决策判断：教育资源能否满足本校发展？如何获得相应的资源？是否需要与外校进行资源共享？和谁去共享？如何共享？等。正如《国家中长期教育改革和发展规划纲要》中所提出的：“（政府要）落实和扩大学校办学自主权。政府及其部门要树立服务意识，改进管理方式，完善监管机制，减少和规范对学校的行政审批事项，依法保障学校充分行使办学自主权和承担相应责任。”

（四）加快推进高校“去行政化”

要推动高校教育资源共享的实现，除了要改革政府与高校之间的关系，落实和扩大高校办学自主权之外，高校自身的管理方面也要发生变革，加快高校的“去行政化”，推行“扁平化”管理。高校的“行政化”问题是一个复杂问题，包含的方面也很多，主要体现在两个方面，一是体现在政府与高校的关系方面，即政府对高校的干预过多，政府依靠行政手段管理高校，二是体现在高校内部的管理方面，即高校内部管理以行政权力为主导，学术权力明显让位于行政权力。此处主要是指后者，即高校内部管理方面的行政化倾向严重。

高校的“行政化”倾向为高校教育资源共享带来的问题主要有：首先，提高了共享的制度成本，妨碍了共享的有效开展。由于当前我们国家的高等学校基本上沿袭了政府管理的体系和方式，即政府有什么部门，相应的在高校也设置了对应部门，设置了大大小小的领导职位，有人形容如今的高校是“校级领导一走廊，处级干部一礼堂，科级干部一操场”，因此在管理校内事务时也往往需要经过层层审批、门门盖章，二级学院或师生个体如果想向外校提供资源共享或者是寻求对方的资源共享，往往需要层层上报给学校管理部门，然后等待学校批复，且不说这个审批的手续、过程有多复杂，而即使学校同意了，所开出的限制条件可能也会让有资源共享需求和想法的组织或个人觉得得不偿失，从而打击了其共享的积极性。其次，教育资源的配置存在按行政权力大小分配的现象，广大的普通教师所获资源非常有限。当前我国高校的大部分教育资源往往都集中在具有一定行政职位的领导手里，在某种程度上，行政权力就意味着资源，拥有行政职务，就意味着拥有相应的项目审批权，就意味着能够占有更多的行政资源和学术资源。纵观各大高校，校级领导、二级学院的领导通常都是申请课题最多、最容易，科研经费拥有最多的人，而普通教师要想获得教育资源相对来说就比较困难，除了院士和知名教授，大多数教师的地位并不高，到科研处、教务处办事情还要看工作人员的脸色，于是，这也就难怪现在的大学老师这么热衷于竞选行政职务了。再次，降低了学校事务决策的科学性，高校的内部事务主要由行政部门决定而非学术机构决定，对于学校事务的管理习惯于用行政思维，而缺乏学术思维。学校里的行政权力大于学术权力，行政“管着”学术，而不是为学术、为学生服务；学术委员会的权利在很大程度上被虚置了，许多教授对于学校发展并没有话语权。

为了推动高校教育资源的共享，加快高校“去行政化”步伐，我们提出以下思路：

首先，继续推行二级管理体制，加大二级学院的管理权限。当前我国高校的管理模式具有明显的“科层制”特征，即金字塔式”的分层等级结构，学校事务管理最终还是学校一级在管，虽然二级学院也有一定的自主权，但是这个权限相对来说仍然比较狭窄，许多本该二级学院自己决定的事务却仍然要通过学校的层层审批，降低了工作效率不说，而且容易降低二级学院的工作积极性，不利于创新思维、创造性工作的展现。体现在资源共享方面，就是二级学院对于学院的发展、学生的培养方面所需的教育资源缺乏自主处置权限，既无法自主的将剩余的资源向外提供，也无法自主选择外部资源来弥补自身资源不足所带来的弊端。因此，要想推动高校教育资源共享的实现，就要扩大二级学院的管理权限，赋予二级学院充分的自主权，“核心就是降低管理重心，下放管理权力，调整管理跨度，规范管理行为，真正建立起学校宏观调控、学院自主办学的高校运行机制，促进学科的整合和发展，激发各级组织的活力，切实提高办学效益”。由于二级学院直接肩负着教学和科研等任务，权力的下放能够促使二级学院根据自身实际情况决定是否需要与外校进行资源共享，而不需要通过学校各级的审批，大大降低了共享的管理成本与制度成本，提高了二级学院的办学主动性和积极性，从而有助于提高学校的教学与科研等各项工作。

其次，改革学校内部行政权力与学术权力的关系，寻找二者的关键耦合域。一方面，学校的行政管理人员要转变观念，树立为教师、为学生服务的意识，行政管理应当是教学、学术的“仆人”，而不是“主人”，高校的行政工作人员应以服从、服务于教学、学术研究、人才培养为宗旨，而不是凌驾于教学和学术之上。工作理念、工作方式的转变就会带来服务质量的提升、工作效率的提高，就会为广大师生的教学、学习和科研等工作提供便利。体现在资源共享方面就是为资源的共享提供制度支持、减少行政审批手续等，想方设法为广大师生的教学、学习和科研等创设资源条件。另一方面，落实和扩大学术委员会、教职工代表大会以及学生代表大会等的权力，实现多方管理、共同治校，让真正懂教育的人来办教育、管教育。当前虽然许多高校都已经拥有了教师或学生组织，但是实际拥有的权力却很小，在面临学校重大事务时，往往被剥夺了发言权，仍然由学校的行政说了算，导致学术委员会等形同虚设。因此，我们要切实落实和扩大学术委员会等师生组织的权力，让它们真正的参与决策、发表观点，真正具有话语权，使行政部门不再是高校管理的唯一中心，将高校权力和影响力的重心从行政部门逐渐转移到全体教师和广大学生的身上，让师生真正成为学校的主人。

（五）建立健全高校教育资源产权明晰机制

根据新制度经济学理论，产权就是拥有财产的权利，即人们围绕财产而结成的权利关系。产权是由一组权利束构成，主要包括所有权、占有权、支配权、使用权、处置权和收益权等。将产权理论应用到教育资源领域，就形成了教育资源产权理论。制约当前我国高校教育资源共享实现的主要障碍之一就是教育资源的产权不明晰，存在着产权模糊的现象，产权不明不仅存在于民办教育当中，也存在于公立高校当中，公立高校的资源在法律上明确归国家所有，即国有资产，但是国家是一个非常泛的主体，不可能由国家来实际承担对教育资源的管理职责，而且在实际运作过程中教育资源的产权是不明晰的，造成了公立高校既缺乏活力又丧失了约束力，因此，必须要对高校教育资源的产权进行明晰。我们知道，产权的基本功能主要有：外部性的内部化功能、激励和约束功能、资源配置功能和减少不确定性的功能。教育资源产权当中最核心的部分就是教育资源的所有权、处置权和收益权，其中，所有权就是对资源归属性的界定，即资源归谁所有，谁占有该资源。这是非常关键的，如果这个权利不明确，那么就相当于产权主体不明，主体不明就会产生责任不明，责任不明就会造成资源的消耗、浪费、流失等，也就是说这个资源是“无主物”，谁都可能去占有它、利用它，并从中受益，而没有人去维护它、保护它等。处置权就是将教育资源的全部或部分权利让渡给其他人的权利，也即产权的可交易性、可分解性。这也是非常重要的，产权是可以交易的，也是可以分解的，至于是否交易、分解，如何交易、分解等都是灵活多样的，因此教育资源才可以实现在不同主体间的共享，实际上，资源共享就意味着资源的一部分权利的共同享用。收益权就是利用教育资源获得相应收益的权利，它对于教育资源共享的意义主要在于它能够产生一种激励和约束的功能，也就是说如果共享，受益了是谁受益，损失了是谁损失，这个权利明确了就能对共享的主体产生一种动力和约束力。主体明确了，对于资源共享的前景就会很清楚了，无论受益还是损失都会有一个预期，这样的话就会有动力去参与共享，而且因为受益或损失的主体都明确了。那么，为了获利或避免损失，就会认真地研究、仔细地思考、全盘地考虑，就会产生一定的约束性，促使主体对这些资源负责，考虑如何提高资源的利用效率，降低资源的闲置率、重复购置率等，从而达到资源的最佳配置状态。因此，教育资源产权的明晰对于教育资源的配置与共享等也有着重要的意义。需要特别强调的一点是，明晰教育资源的产权并非是要将教育资源限制在某一所学校或某一学院内部，而是为了使教育资源的主体更明确、主体间的权利更清晰，从而更好的激励高校或个体积极参与资源共享。

要激励高校积极地、主动地参与教育资源的共享，就要做到：建立健全高校教育资源产权明晰机制。主要包括两方面的基本含义：第一，教育资源所有权的界定，也即明确教育资源的所有者是谁。以公立高校为例，公立高校教育资源的所有者不能笼统的定位于“国家”，否则的话就会有名无实，名义上这些资源是有归属的，但实际上却找不到具体的归属人，人人都是该资源的所有者，但却没有人对该资源具体负责，带来的后果很可能就是“公地悲剧”造成对资源的掠夺、浪费、缺乏保护等，因此，要将教育资源的所有者落实到具体的“人”，要么是具体的自然人，要么是具体的组织如具体的学院、系、所、教研组、实验室等，而一旦资源的所有权明确了，那么随之相关的其他权利也就能够得到清晰地界定，这对于激励和约束教育资源所有者，避免教育资源在配置、使用过程因所有权不明而产生的浪费、损坏等有着重要的意义。第二，共享过程中教育资源的产权界定，即教育资源在不同高校之间、高校内部各职能部门以及师生个体等产权主体之间的交易过程中的产权明晰情况，从而促使共享能够顺利实现。在共享的过程中，往往会发生产权的让渡，此时就要将发生转移、分解的产权重新界定清楚，比如说两所高校共享某项大型科研仪器设备，在这个过程中就要将提供该仪器设备的学校所拥有的权利界定清楚，如资源的所有权、处置权、收益权等，而接受该仪器设备资源共享的高校所拥有的权利也要界定清楚，如资源的使用权等，这也就意味着在共享的过程中发生了部分产权的交易，如资源提供方将资源的使用权让渡给了资源接受方，而资源接受方通过提供资金或其他补偿方式获得了该资源的使用权，这既提高了资源优势高校教育资源的利用效率，同时又解决了资源劣势高校所面临的资源短缺问题，可以说达到了双赢的目的。

完善知识产权保护机制，为高校教育资源共享创造条件。知识产权也是高校教育资源产权的一种，主要是针对高校智力劳动产生的智力劳动成果的相关权利。之所以把知识产权单独提出来，主要是由于当今社会现代科学技术手段的先进，尤其是互联网所天生具有的共享特点，客观上应当使得知识资源的共享更为简单和容易，然而实际情况并非如此，高校之间的电子信息资源、教学信息资源、科研信息资源、科研成果资源等反而更加封闭，大家都藏着、掖着，不愿与别人共享，造成这一现象的最大原因就是目前我们国家对于知识产权的保护机制仍不健全，导致知识产权纠纷不断，教学成果、科研成果、专利等的抄袭、剽窃等学术不端行为比较严重，大家为了保护自己的利益，于是也就不愿与其他人共享了。高校的电子信息资源、教学科研成果资源等的共享并非没“公地悲剧”最初是由美国学者哈定年提出来的。在一个村庄的公共牧场，村里的任何成员都可以自由放牧，免费使用。从每个牧民的角度来看，多放牧一头牛羊的好处是属于他自己的，而由于多放牧而导致的牧草稀疏、草场破坏的代价是由村民平均分摊的，个人的得益大于其需要付出的成本。因此，每个牧民可能都会多放牧牛羊，最终，过度放牧有可能就把这个公共牧场给毁掉了。“公地悲剧”说明的是由于资源产权不明而使资源被过度使用，发展变为不可持续。一般认为，避免“公地悲剧”的简单而有效的办法之一，是尽可能地使资源的所有权明晰，并制定相应的政策法规，明确责任和义务。——安宇宏公地悲剧宏观经济管理有底线，一定是要在保护知识产权的前提下实现共享。因此，为了扭转这一局面，我们必须完善知识产权保护机制，从而促进高校之间智力劳动成果资源共享的实现。完善知识产权保护机制，就要明确共享过程中智力劳动成果资源的所有权、使用权、处置权以及收益权等相关权利，以及这些权利的让渡、交易情况，从而为教育资源的共享扫清障碍。主要有：加强对社会大众（重点是高校师生）知识产权保护意识的宣传，只有每个人都将知识产权保护牢记于心并加以自律，才能够从根本上杜绝抄袭、剽窃等侵权行为的发生；制定和完善相关的知识产权保护法律、法规，进一步扩大现有的知识产权保护范围，将高校相关的智力劳动成果都纳入到保护内容之中，建立知识产权保护长效机制，明晰共享过程中知识产权人以及产权交易双方的各项权利，避免因知识产权界定不清而导致的不端行为；继续探索知识产权保护与促进资源共享之间的平衡点，知识产权保护不是为了封闭、封锁知识，而是要做到既保护知识产权人的利益，同时又充分发挥知识的社会价值，促进知识的传播与共享。

（六）进一步完善相关制度

建立分级、分类共享制度，严格区分教育资源的投资来源。除却国家委托高校进行的、涉及国家安全或属于国家机密的科研资源之外，对于高校教育资源要严格区分投资来源，区分哪些是由政府投资，哪些是由市场投资，由国家投资的教育资源理应全民共享，比如国家对于“工程”高校和“工程高校”的投入，原则上不能仅由这些学校的师生享用，全国范围内的高校师生都有权利共享；由地方政府投资的则应率先在该行政区域内实现共享，比如某由省政府投资的高校应当在省域区域之内实现教育资源的共享；由企业等社会力量投资的教育资源则应当遵循市场交易的原则，通过协商等方式实现有条件的共享。

建立和完善有偿共享机制。当前我国许多高校教育资源在对外服务时并没有建立稳定的、标准的收费机制，这也是导致大量教育资源不愿意或不能共享的原因之一，因此，为了激发拥有教育资源单位的积极性和主动性，确保参与共享的各方都能得到利益，必须建立和完善有偿共享机制。首先制定统一的收费标准，如科研仪器设备资源对外服务时如何收费，信息资源共享时如何收费等，规范收费行为，防止乱收费现象的产生；建立收费监督和检查机制。收费的标准是不能以盈利为目的；所收费用应主要用于资源本身的维修、维护，开发、购置新资源，资源管理者的劳务费等；将收费标准上报学校及主管部门备案，并随时接受上级主管部门和社会的监督、检查。

建立共享监督和评价机制。高校教育资源首要任务是服务于本校学生及教师，为培养人才创造条件，因此要防止高校为了创收而压缩甚至剥夺该资源服务本校师生的时间和质量，将主要力量面向市场，获取利益，忽略了其本义。要建立分级、分类共享监督和评价机制，可以按照高校教育资源的不同来源确定相应的评价主体，如由国家投资的教育资源共享，可以由中央政府组织力量、制定标准对共享效果进行监督和评价；由地方政府投资的教育资源共享，可以由该地方政府组织力量、制定标准对共享效果进行监督和评价；由市场投资的教育资源共享则可以由市场本身对共享效果进行监督和评价。同时，也可以委托第三方中介机构进行监督和评价。定期对高校教育资源的共享情况进行检查和评价，对于资源利用率高、效率好的学校应当给予奖励，比如适当加大对这类学校的资源投入，而对那些共享效果不好的学校则相应的削减资源投入等。

（七）将资源共享纳入高等教育评价指标体系

“改革在一个地方的成功，一方面是好的思想或观点发生了作用，而更大程度上取决于使这些好的思想可以生根、发芽、成长壮大的环境。”“建立健全科学的教育评价体系，将为教育资源的共享创设适宜的土壤。所谓教育评价，是通过判断一种教育方案的目标达成程度，以继续改善教育机制，旨在完成其教育任务的价值判断过程教育评价有许多功能，如诊断功能、改进与形成性功能、区分优良和分等鉴定功能、激励功能和导向功能等”。其中，导向功能可以说是一把“双刃剑”，它既能发挥积极地作用，也会产生消极地效应，“特别是评价标准本身有缺陷或者评价过程有失公平、公正时更是如此”。我们今天的教育评价无论是在基础教育还是高等教育，一个非常明显的特点就是对于数量的盲目追逐，数量上的虚华在很大程度上掩盖了质量上的问题，凡是可以量化的就成为评价的指标，而那些不易或不能量化的则很少或没有列为评价指标，从而导致评价存在重大的缺陷，不利于引导教育向健康、科学的道路发展。当前我们对于高等学校的评价往往只是静态的评价，只是考核学校所拥有的资源数量等，如校舍情况、实验室数量、科研仪器设备价值、图书馆藏书量、运动场地大小，以及拥有多少名院士、长江学者等等，而不考核学校提供给别人用的资源以及学校所利用的别人的资源，即没有把资源的共享情况纳入到评价指标体系中。这种过于量化的、静态的评价体系只会激发学校之间的恶性竞争，使学校为了资源的数量而相互竞争，根本不会重视资源的共享。因此，我们应当关注当前教育评价中存在的这种缺陷，不断完善高等教育评价体系，从而使评价真正起到促进高等教育发展的积极作用。取消整齐划一的“标准性”评价，不同的高校采用不同的评价方式，从根本上改变千生一面、千师一面和千校一面的窘境，从而实现高等教育的丰富性、多样化发展。我们不需要所有的大学都是研究型大学，我们也需要教学型大学，我们不需要所有的大学都是综合性大学，我们也需要各级各类的专科性大学。是不是研究型大学，是不是综合性大学，不是判断一所大学好坏的标准，它们只是在高等教育中具有不同位置和功能的学校而已，只要能够满足社会需求、满足人才成长要求的大学就是好大学。简单一句话，作为教育对象的人是丰富多彩的，那么作为培养人的专门机构和场所的学校也应当是多种多样的。只有多样性发展，高校之间的竞争才会是一种良性竞争，这种竞争才不会阻碍共享的实现。取消将资源的数量作为教育评价的指标，而将资源的利用情况、共享情况作为重要评价指标之一。拥有教育资源数量多的学校不见得就是一所好学校，关键是要看资源的利用情况，如果拥有的资源都处于闲置状态，没有利用起来，那么即使拥有再多的资源也是浪费。国外评价一所好的大学，很少将学校规模、拥有的科研仪器设备数量等情况作为评价指标，而是考核学校利用这些资源做了哪些工作，取得了什么样的成绩。因此，为了推动高校教育资源的共享，我们应当将教育资源的利用效率作为评价一所高校的重要指标，区分学校有哪些资源向外提供，提供的质和量是多少，以及学校有哪些资源是利用外校的，利用的质和量又是多少，并以此作为政府对于该校投入的衡量标准，资源利用率高、利用效果好的高校理应得到更多的投入和支持。学校为了提高教育资源的利用率，自然而然地就会积极、主动的去寻求资源的共享了。

（八）开发和运用有关教育资源共享的先进技术

现代科学技术尤其是网络技术在教育领域的运用，为教育资源的共享提供了前所未有的契机，我们要充分抓住这一契机，不断开发和运用先进技术，为高校教育资源的共孚提供技术支持。

第一，保证足够的计算机数量。计算机作为现代科技的代表，已经渗透到我们日常生活中的方方面面，可以说，我们今天的社会已经离不开计算机了。计算机至于今天的教育也是如此，无论是教师的教学、科研，还是学生的学习也都已经离不开计算机了。要想共享网络上的信息资源，首先必须要有足够数量的计算机，能够满足广大师生的要求，因此，要做到：保证每一位高校教师都有一台属于自已的计算机，如果条件达不到人手一台，也至少要保证每个二级学院都有一个场所，里面提供一定数量的计算机共全院教师公用，保证教师能够随时使用；每所高校或每个二级学院都要提供一定数量的计算机共全校或全院学生使用，要按一定的比例设置，方便学生的学习、科研等活动。

第二，实现纸质文献资料的电子化。纸质文献资料由于有时空的限制因而使其共享的程度大打折扣，而将其电子化则可以摆脱这一弊端。现在几乎每个图书馆都已经做了这个工作，但是往往都只限于常见的、出版年代较近的书利杂志，对于许多古籍文献还有很多没有进行电子化，使得这些珍贵的古籍大多数时间都静静的躺在图书馆里，较少得到利用，而且很多古籍由于年代久远，可能纸张保存状况不是很好，甚至已经不能向外借阅了，这对于有需求的人来说是非常不方便的。因此，加快实现纸质文献资料的电子化，尤其是古籍善本的电子化，实在是一个迫在眉睫的事情。当然，对于这些文献资料进行电子化是一个繁重的工作，需要花费大量的人力、物力和时间，但是却是一个非常有意义的工作，对于保存文献资料、实现文献资料资源的共享具有十分重要的作用。

第三，完善资源共享网站、平台的建设。这一点在当前我国许多高校或相关组织中比较滞后，如许多大学城、高校联盟等迄今为止没有专门的网站或平台，或者是虽然有但是只是象征性的，没有实质内容。因此，要建立专门的网站或平台，并完善该网站或平台的功能，如发布资源共享信息、提供共享申请等，使其不仅仅是一个只展示概况、规则章程的地方，而成为一个真正对实现教育资源共享提供便利的平台。网站或平台建设内容主要应包括：关于教育资源共享的相关规章制度；可共享的教育资源要素的说明；具体的共享流程及注意事项等。

第四，实现校际间、校内相应数据库、平台的兼容。当前我国高校无论是工作平台还是其他教学平台、科研平台等之间很少兼容，甚至同一所学校内部的各个数据库及平台之间也不兼容，如教务处与科研处互不兼容、教务处与学生处也不兼容等，带来的问题就是资源不共享、工作效率低下。实现数据库及平台的兼容，一方面要实现校内兼容，校内各职能部门采用统一的工作平台、教学平台以及科研平台等，制定、遵循统一的信息采录标准和运作要求，实现数据库、平台的标准化、统一化；另一方面要实现校际兼容，主要体现在各校图书馆平台的兼容上，通过利益协调，各校图书馆的数据库应该能够互相兼容、实现整合，方便师生跨校查询，实现资源共享。

最后，加强高校开放教育资源的建设。开放教育资源的建设是体现无边界高等教育思想的重要方面，开放教育资源是指“那些基于非商业性目的，通过信息与通讯技术来向有关对象提供的，可被自由查阅、参考或应用的各种开放性教育类资源”“最初可以追溯到年春美国麻省理工学院发起的开放课件（项目，旨在使那些不发达国家的教师能够获得最新、最及时的材料来帮助他们的教学，而这些材料是他们很难通过其他方式获得的。从那时候起，开放教育资源便在世界范围内发展和运用起来。其中，开放课件可以说是高校最重要的开放性教育资源，我们国家也已经开始实施国家精品开放课程建设规划，主要向高校学生同时也向社会公众免费开放优质课程资源，可以说已经取得了一定的成就，但是仍然存在许多不足之处，主要表现在：开放的课程资源数量相对不多；开放的优质课程资源较少，更多的是普通课程；开放资源“不开放”，许多高校发布的课程资源无法观看，即开放教育资源的共享性较差等。因此，加强高校开放教育资源的建设，就要在继续开发开放课程资源数量的同时，注重质的提高，加强优质开放课程资源的建设，促进优质教育资源的开发和普及；开发和建设各级各类高校的精品课程，如校级、省级、国家级精品课程建设，构建多层次、多类型的优质课程资源共建共享体系；建立和完善开放课程的知识产权保护机制，保护学校和教师的知识产权，激发学校和教师开发开放课程的积极性和主动性；研究和开发先进的开放课程共享平台，使其不仅能够提供课程内容，还能够实现师生互动、课堂反馈等，从而提高课程效果。

（九）加强高校教育资源共享的区域统筹

由于资源共享受到地理空间等条件的约束和限制，因此，在我们国家当前共享意识和共享程度都还不是很高的情况下，可以加强区域统筹，率先在同一区域内部推行高校教育资源的共享，然后以此为立足点，推动高校教育资源在更大范围内的共享。鉴于我们国家的高校主要由省一级政府主管，因此这里的区域主要是指省域，即省域共享，同时由于许多中心城市往往既是该省份的经济中心同时又是文化中心，是高校的聚集地，拥有比较丰富的高等教育资源，如济南之于山东，沈阳之于辽宁等，因此，这里的区域在另一个层面上还指拥有较多高校的中心城市，即同城共享。

第一，成立多层级、立体式区域资源共享管理中心，即成立由省级、市级和校级三级构成的、立体的区域资源共享管理中心。首先，各地以省为主，建立省级区域资源共享管理中心，该中心不仅管理和推动省内各高校教育资源的共享，还可以包括政府、企业以及其他组织的教育、科研资源的共享，高校教育资源共享可以是其中的重要构成；其次，拥有丰富高校资源的城市也应成立市级高校教育资源共享管理中心，组织、协调、管理处于同一城市的高校之间实现教育资源的共享；最后，各高校内部也要成立相应的资源共享管理部门，该部门不仅为校内师生提供资源共享服务，同时也为其他高校乃至社会其他群体提供资源共享服务。这三级管理中心或部门之间要相互链接、相互合作，从而实现信息的共享、资源的整合。

第二，推进区域高校教师资源的共享。“教师是教育事业的第一资源”“教育质量的根本在教师，任何人都无法否认教师对于办好一所学校，提高教育教学质量的重要作用。清华大学原校长梅贻琦先生曾经说过一句传世名言，“所谓大学者，非谓有大楼之谓也，有大师之谓也”，更是将教师之于大学的作用表现的淋璃尽致。因此，要实现高校教育资源的共享，教师资源的共享应当是首当其冲的。为了推动高校之间教师资源的共享，要做到：突破观念的限制，打破传统的人才单位所有制，建立科学的人才流动模式，树立“不求所有，但为我用”的新型用人观念，并为不同高校之间的教师互聘、联聘等共享形式提供制度和待遇等方面的便利条件；为教师的教学、科研等成果资源搭建展示、交流、共享的平台，以供其他教师和学生共享。如建立相应网站，将教师的教学课件、教学成果、研究成果、思想感悟等资源上传到网站，以供其他人学习和利用；开设讲座、报告、会议等展示平台，为教师提供丰富多样的交流与共享的机会。

第三，促进区域高校学生的交流。培养学生，一个途径是为学生尽可能的提供其发展所需要的校内资源，另一个途径就是尽可能的为学生开发校外资源，而实现学生的校际交流可以说是开发和利用校外资源的一个很好的方法。促进学生的区域交流，就要：建立健全大学生（包括研究生）校际交流申请、审批、资助、考核等制度；创设新的交流项目和计划，为更多的学生提供交流的机会；扩大学生交流的比例和数量，惠及更多的学生；为申请交流的学生提供资助，可以有多种方式，如减免学费、全额资助、差额资助等，以减轻学生的经济负担。

第四，实现区域高校物力资源的共享。主要包括教学、科研仪器设备资源的共享，实验室、运动场地等的对外开放等。这对于提高物力资源的利用效率，避免资源的重复购置、资源浪费具有非常重要的意义，尤其对于经费比较紧张、处于资源劣势的“普通大学”来说，意义就更为巨大，使“普通大学”的广大师生也能够享受到优质的教育资源，这也是契合中央提出的建设节约型社会的要求。当前我们国家已经开始着手做这项工作了，“高等学校仪器设备和优质资源共享系统”就是其中代表。未来要做的就是要不断扩大和完善类似系统，是越来越多的优质教育资源都纳入共享系统之中，使其发挥更大的效益。

第五，推动区域高校课程互选、学分互认。主要有：扩大互选课程、学分互认课程的数量和覆盖范围，对于热门课程要保证足够的课程容量，满足更多学生的选课要求；扩大互选课程、学分互认课程的种类，包括各校的优势课程、精品课程、特色课程、名师讲座以及其他如实验课程等其他种类课程，满足不同学生的多样化需求；严格保证互选课程、学分互认课程的质量，杜绝应付、敷衍了事，同时要对任课教师的资质和教学质量等严加控制，挑选那些具有强烈事业心和责任感、思想品德好、教学经验丰富、教学方法先进的教师，以保证课程的质量；研制学分转换机制，尽快实现学分互认；成立区域高校课程互选、学分互认管理平台，为推进区域高校课程资源的共享提供便利。

第六，实现区域高校信息资源的共享。主要包括：加强区域高校信息数据库以及共享平台的搭建，实现信息资源的区域共享；加强信息资源的产权保护，尽快制定和协调各类知识产权保护法规政策，以缓解信息资源充分利用与知识产权保护之间的尖锐冲突；加强信息安全的保护，信息的安全既包括信息内容本身的安全，防止出现泄漏隐私或保密的信息，同时也包括信息数据库或平台的安全，如防止计算机病毒、黑客等危险因素的威胁和破坏。

四、武汉地区高校思政课优质教学资源共享机制的构建与运行

高校思想政治理论课（简称“思政课”）优质资源共享是2015年中共中央宣传部和教育部印发的《普通高校思想政治理论课建设体系创新计划》（教社科〔2015〕2号）中的重要内容之一，该创新计划明确提出要切实推进教育创新，深化教学改革，最

大限度地实现“优质教学资源共享”。高校思政课优质教学资源真正有效实现共享，必将打破优质教学资源分配不公平和分布不均衡状况，使大量教学科研实力相对较弱的学校通过共享的动态机制享受到最优质的教学资源，从而使更多的师生受益，进而提升高校教学质量和办学水平。

（一）建立武汉地区高校思政课优质教学资源共享平台

优质教学资源共享是通过建设优质教学资源库形式，使相关知识体系形成一个动态的不断更新过程，实现教师和学生的自主性学习和共享。如何实现优质教学资源共享？最有效的途径就是建立优质教学资源共享的平台。在互联网时代，网络平台是实现高校思政课优质教学资源共享的关键手段，“开放共享”是高校思政课优质教学资源共享的最理想模式。全国各个高校通过网络加以整合，实现思政课优质教学资源全国性共享，是高校思政课优质教学资源共享努力的目标和方向。

高校思政课优质教学资源共享是一个系统性的、动态的运转过程。首先，思政课优质教学资源共享是一个分步骤的、多层次的复杂体系，既包括各个层次资源的建设问题，也包括各层次之间资源的整合和配置问题；其次，高校思政课优质教学资源也是一个动态的运转过程，可分为优质教学资源的共建、运作及可持续发展等阶段。

高校思政课优质教学资源共享的基础性前提是基于数字化教学资源。数字化教学资源因具有边际成本低、非竞争性、弱排他性、优化再生性等特性，使其具有“以较少的投入可以在不损害一方利益的前提下使另一方获利的较强经济能力”，这种研究对教育界各学科的所有数字化教学资源共享都具有示范效应。

武汉地区高校高校众多，其思政课优质教学资源共享平台就是基于网络平台的高校思政课优质教学资源实现共享的载体和手段。在实践中，只有积极推进高校思政课优质教学资源平台的应用，才能实现优质教学资源的共享。

（二）武汉地区高校思政课优质教学资源共享平台建设体系

武汉地区高校需要从模式构建、组织框架设计和保障机制建立三个方面架构思政课优质教学资源共享平台的体系。

1. 基于云计算的高校思政课优质教学资源共享平台的模式构建

针对现阶段高校思政课优质教学资源发布所呈现出的分布不均衡、共享机制不完善和传统单一软件系统平台无法实现资源共享等特点，将云计算的最新计算机网络技术与高校思政课优质教学资源共享建设进行整合，建立云计算技术下的分布式云共享模式。在保留原始资源的前提下，通过对相关信息的协调控制和标准化管理，实现思政课从形式到内容的资源共享。

基于云计算的高校思政课优质教学资源共享体系包括三个层级：一是基础设施层，负责硬件虚拟化和向资源需求者提供基础设施管理接口。二是管理服务层，实现应用程序调试、虚拟资源管理、用户信息管控、系统安全防范等。三是应用服务层，向资源需求者提供获取共享资源所使用的多种服务，及应用程序。

2. 高校思政课优质教学资源共享平台的组织框架设计

利用行政区域优势，整合、开发国家、省（市）、高校三个层级进行横向交流与纵向流通的高校思政课优质教学资源共享平台组织框架。三个层级的组织框架有其各自的建设侧重点，一是建立完善的国家级优质教学共享资源，如加强“高校思想政治理论课程网站”建设，使之成为全国思政课教师共建共享共管的平台，成立全国思政课网站信息共享联盟。二是利用各省地域特色，建立各省级的思政课优质教学资源共享平台，如完善“辽宁大学生在线联盟”建设，各省根据自身特色建立相关文献共享资源库。三是建立和完善各高校精品课程网站和教学资源研究实验室，系统总结凝练优质教学资源。

3. 高校思政课优质教学资源共享平台的保障机制建立

将高校思政课优质教学资源共享平台看作系统性的动态运转过程，将其分为优质教学资源的共建、运作及可持续发展等阶段，基于此建立高校思政课优质教学资源共享平台的保障机制。

(1) 共享平台共建、运作阶段的保障机制。一是动态监测机制。主要起到保障网站访问的连通性和资源更新率的检测两方面作用。二是环境保障机制。从树立共享共识意识、建立总体协调和管理组织机构、建立完整管理制度和法规条例、完善建设标准等方面保障优质教学资源的共享。三是审核机制。建立审核机制，能够确保在选择思政课教学资源时，将教学资源的质量放在首位。每一份上传网络平台的思政课教学资源必须经过专家评估认定，并规定试用期，在试用期内高校师生可以对思政课资源进行评价，经过专家审核通过，高校师生评价高的教学资源才可以被上传到平台共享。

(2) 共享平台可持续发展阶段的保障机制。一是评价和更新机制。从优质教学资源的内容、形式及共享效果等方面进行综合评价，建立恰当的指标体系，并对现有合作方式及成果进行不断完善，确保优质教学资源的生命力。二是监督机制。由于共享平台在共建、运作的建设初期监督机制还不到位，部分大学生在使用共享平台时存在应付心理，影响平台的使用效果，而部分思政课教师把使用共享平台作为一种减轻工作量的捷径，将思政课教学完全依赖于共享平台，也导致思政课效果不佳。这就需要高校不断建立并完善监督机制，针对学生使用，建议设立平台的随机回答问题、禁止快进、课后作业、随即点名等功能，切实有效地督促学生做到“学思结合”；针对高校教师，设定教学过程中使用共享平台的比例，超高使用比例将被视为“无效教学”，不能计入总课时，同时关注思政课教师在平台中选取资源的时效性、针对性，以及是否在不同学期选取不同的教学资源。只有建立健全监督机制，才能够将共享平台的作用最大化。三是考评机制。将高校思政课优质教学资源共享平台的共享程度作为高校思政课合格评估的内容之一，以此促进高校对共享平台的人力和财力投入，将打造共享平台落到实处。考评应将即重视数量，又重视质量；考评应当按时统计高校对共享平台的使用效率与登录次数；考评应将对共享平台后期的制作、更新及维护作为考评内容。按照提出问题、分析问题、解决问题的逻辑顺序和建设思路，将高校思政课优质教学资源共享平台的建设体系及其内部的模式构建、组织框架设计、保障机制建立三个方面的关系以下图表示。

2016 年 12 月，习近平总书记在全国高校思想政治工作会议上强调："要运用新媒体新技术使工作活起来，推动思想政治工作传统优势同信息技术高度融合，增强时代感和吸引力。"建设高校思政课优质教学资源共享平台，就是贯彻习近平总书记所要求的"推动思想政治工作传统优势同信息技术高度融合"，就是为了使思政课"增强时代感和吸引力"。因此，思政课优质教学资源共享平台建设顺应了新时代高校思政课教学改革和创新的要求，而从优质资源共享的模式构建、组织框架设计以及保障机制建立三个方面架构思政课优质教学资源共享平台的体系，实现真正的思政课优质教学资源"开放共享"，一方面能够丰富思政课的教学内容，增强思政课的吸引力，推动思政课在新时代下永葆生机；另一方面能够激发大学生对思政课的学习热情，"完成好培养德智体美全面发展的社会主义事业建设者和接班人的重大任务"。

（三）武汉地区高校思政课优质教学资源共享机制的运行

当今是开放的时代和信息化时代，高校所有优质教学资源都应该尽可能做到开放共享，思想政治理论课优质教学资源更应该如此。这是因为，高校思想政治理论课优质教学资源具有通用度高、时效性强、共享成本低等特点和优势，在开放共享上应该也可以比其他课程做得更好。然而，由于种种原因，武汉地区高校思想政治理论课优质教学资源还存在整合力度不够、利用率不高等问题。根据我们的思考和探索，提出建立系列交流共享平台：

1. 建立健全信息交流平台。思想政治理论课建设非常需要高校之间、教师之间和课程之间的频繁交流。由此，我们提出：一是建立湖北省思政课教师 QQ 群，为众多思想政治理论课教师提供一个便捷的日常交流平台。二是建立专门的思想政治理论课网站，使有关信息更加及时、准确和集中。三是设立湖北省高校马克思主义学院院长论坛，为各高校马克思主义学院领导、教学科研骨干乃至广大教师提供面对面交流、集中相互学习经验的机会。论坛可以由各高校轮流主办，每年一次，每年更新一个主题。

2. 设立湖北省高校思想政治理论课教学指导委员会二级组织。以课程为单位，在湖北省高校思想政治理论课教学指导委员会下设立分委员会，便于更加灵活、有针对性地开展校际学习、交流和研讨活动。

3. 进一步规范课程培训。完善国家级、省级和校级三级培训制度，特别是要搞好省级培训，确保每门课程每年举办一次省级骨干教师培训班。培训方式方法多种多样，不仅重视中央有关精神的学习贯彻，而且注重典型经验的宣传和推广；不仅有辅导报告，而且进行现场观摩和实地考察。

4. 跨校教研活动常态化。打破教研活动封闭在校内的惯例，高校之间联合开展课堂观摩、听课评课、教学研讨等教研活动，及时、有效促进彼此之间相互学习，共同提高。

5. 设立公共的思想政治理论课名师大讲堂。充分发挥全国和省级教学名师作用。在高校比较集中的区域，设立跨校思想政治理论课名师大讲堂，支持各高校学生听课，各高校认可学分。一般在周六、周日或晚上开课，便于学生错时听课。授课方式可以由每位名师单独讲授某一门课，更可以由某位名师牵头，遴选全国思想政治理论课年度影响力人物、湖北省十佳教师或其他优秀教师组成课程教学团队授课。名师大讲堂不仅可以充分发挥思想政治理论课教学名师的作用，让学生受益，而且可以发出马克思主义主流意识形态最强音，传递强大的正能量，还可以对其他思想政治理论课教师产生示范和带动作用，从而提升思想政治理论课整体教学水平。

在建立上述系列交流共享平台的基础上，需要建立有效的运行机制。

1. 明确负责机构。武汉地区高校思想政治理论课优质教学资源涉及面广，必须要有一个比较权威的组织或机构来指导、协调和促进。可以由省教育厅思政处牵头，负责指导和监督，具体工作由湖北省高校马克思主义理论教育研究会来做。该研究会对各高校思想政治理论课教学情况非常熟悉，并且一直保持着密切联系和良好关系，完全能够胜任此项工作。

2. 建立运行机制。由省教育厅思政处出面，湖北省高校马克思主义理论教育研究会具体负责，与优质教学资源涉及的政府部门、高校、纪念馆、开发区、企业、社区、乡村等沟通、商谈，签订合作协议，使其尽力为思想政治理论课教学提供好接待、讲解、交流、示范课、报告会等服务。编印《武汉地区高校思想政治理论课优质教学资源指南》，方便各高校充分利用优质教学资源，并定期进行总结、评估。

参考文献

1. 《决胜全面建成小康社会 夺取新时代中国特色社会主义伟大胜利——在中国共产党第十九次全国代表大会上的报告》，人民出版社 2017 年版。
2. 《习近平谈治国理政》，外文出版社 2014 年版。
3. 《习近平谈治国理政》第二卷，外文出版社 2017 年版。
4. 中国网：《习近平在全国高校思想政治工作会议上发表重要讲话》，http://www.china.com.cn/newphoto/news/2016-12/08/con\tent_39878764.htm。
5. 《国务院关于印发国家教育事业发展“十三五”规划的通知》（国发〔2017〕4 号）（附《国家教育事业发展“十三五”规划》），http://www.moe.edu.cn/jyb _ xxgk/moe _ 1777/moe _ 1778/201701/t20170119_295319.htht。
6. 《教育部关于印发《教育信息化十年发展规划（2011—2020 年）》的通知》（教技〔2012〕5 号）（附《教育信息化十年发展规划（2011—2020 年）》），http://www.moe.edu.cn/srcsite/A16/s3342/201203/t20120313_133322.html。
7. 王怀超主编：《沿着中国特色社会主义道路前进——深入学习研究党的十八大报告》，中共中央党校出版社 2012 年版。
8. 教育部高校思想政治理论课教学指导委员会《思想理论教育导刊》组编：《春风化雨　立德树人——高校思想政治理论课教师 2013 年度影响力人物事迹》，高等教育出版社 2014 年版。
9. 教育部高校思想政治理论课教学指导委员会《思想理论教育导刊》组编：《无悔信念　芬芳桃李——高校思想政治理论课教

师 2014 年度影响力人物事迹》，高等教育出版社 2015 年版。
10. 教育部高校思想政治理论课教学指导委员会《思想理论教育导刊》组编：《传播真理 仁爱育人——高校思想政治理论课教师 2015 年度影响力人物事迹》，高等教育出版社 2016 年版。
11. 张耀灿、郑永廷、吴潜涛、路郁廷等：《现代思想政治教育学》，人民出版社 2006 年版。
12. 陈华洲：《思想政治教育资源论》，中国社会科学出版社 2007 年版。
13. 杨晓奇：《教学资源论》，中国社会科学出版社 2014 年版。
14. 李腊生、龚萱、闵杰等：《高校思想政治理论课教学实效性研究》，武汉大学出版社 2011 年版。
15. 吴刚平：《课程资源理论构想》，载《教育研究》2001 年第 9 期。
16. 丁俊萍：《把握“六个结合”创新思想政治理论课教学方法》，载《思想理论教育导刊》2017 年第 6 期。
17. 宋俭：《关于马克思主义理论学科建设与思想政治理论课建设的思考》，载《思想理论教育》2012 年第 12 期。
18. 李祖超：《运用道德模范加强大学生思想道德教育》，载《学校党建与思想教育》2008 年第 8 期。
19. 覃正爱：《道德模范的内涵、特征及意义》，载《中国特色社会主义研究》2016 年第 4 期。
20. 范军：《“05 方案”实施以来高校思想政治理论课信息化建设探索》，载《思想理论教育导刊》2013 年第 5 期。
21. 杨仕勇：《地域教学资源融入高校思想政治理论课的路径探析》，载《安徽科技学院学报》2017 年第 3 期。
22. 岳建军：《高等学校教育资源共享问题研究》（博士论文）。
23. 郑存库、俱国鹏：《区域高校优质教学资源共享平台的路径选择》，载《黑龙江高教研究》2015 年第 7 期。
24. 夏冰、朱祥全：《高等学校思想政治理论课程资源共享理论与实践研究》，载《黑龙江高教研究》2017 年第 4 期。

25. 程红萍：《高校优质教学资源共享问题探析》，载《教育现代化》2015 年第 11 期。
26. 李腊生：《武汉地区高校思政课优质教学资源共享机制探析》，载《学习月刊》2015 年第 11 期。

后　记

高校思想政治理论课优质教学资源共享问题，直接关系到高校思想政治理论课教学质量的整体提升，非常值得研究。武汉地区高校思想政治理论课优质教学资源非常丰富，但由于缺乏完善的共享机制，使其未能得到有效整合与充分利用。2014 年初，由李腊生教授主持申报的湖北省教研课题《武汉地区高校思政课优质教学资源共享机制研究》获得立项。该教研课题研究旨在引起武汉地区各高校对教学资源共享问题的关注，增强教学资源共享共赢意识，建立比较完善的思想政治理论课优质教学资源共享机制，充分利用各高校思想政治理论课优质教学资源，从而增其吸引力、感染力和说服力，使其真正成为大学生“真心喜欢、终生受益”的课程。拙著即为该教研课题最终成果。

拙著由李腊生教授总体策划，草拟提纲。各章撰写分工为：第一章，龚萱、刘源泉；第二章，张莉清、詹爱霞；第三章，闵杰、陈菲；第四章，李腊生。最后由李腊生教授统稿和定稿。书中统计资料截止时间一般为 2016 年底。由于水平所限，拙著肯定存在一些不足之处，期待读者批评指正！

研究和撰写过程中，我们参考、吸收了学界同仁许多宝贵成果，在此表示最衷心的感谢！

作　者

2018 年 8 月